沁园春·义乐高速

金秋凉风送爽，十月佳节，义乐高速通车。望义乌中国，流光溢彩；乐清中华，名闻中外。创建文明，改革创新，党政府路西驱动。奋蹄急，看交通之梦，容速连空中。

慧力交通中

人手相连心连心，建设山建春融融。千秋伟业，一代春风，奇思妙行，热血无数团团队。千秋万代在，颂歌正扬，利在人间。

何林义

旋挖桩基施工

大跨盖梁现浇

跨东阳江挂篮悬浇

穿城高架桥

枢纽互通

隧道洞口

工厂化预制场

沥青路面铺设

浙江城区高速公路建设管理
实践与创新

林 豪 编著

人民交通出版社股份有限公司
北 京

内 容 提 要

本书系统总结了义东高速公路（浙江省首条穿越复杂市域环境）的建设历程，从项目建设前期谋划、设计方案优化、精细化管理、数智建设、安全创新管理等方面反映了浙江省公路工程"数字赋能、提质增效"品质工程建设的成果，对今后同类工程的建设与研究有重要的参考价值与指导意义。

本书可供桥梁与结构工程设计、科研、管理、施工、监控及信息化技术工程技术人员与研究人员参考使用。

图书在版编目（CIP）数据

浙江城区高速公路建设管理实践与创新 / 林豪编著 . —北京：人民交通出版社股份有限公司，2023.11
ISBN 978-7-114-19053-7

Ⅰ.①浙… Ⅱ.①林… Ⅲ.①高速公路—道路建设—研究—浙江 Ⅳ.① U412.36

中国国家版本馆 CIP 数据核字（2023）第 198327 号

Zhejiang Chengqu Gaosu Gonglu Jianshe Guanli Shijian yu Chuangxin

书　　名	浙江城区高速公路建设管理实践与创新
著 作 者	林　豪
责任编辑	朱明周
责任校对	赵媛媛
责任印制	张　凯
出版发行	人民交通出版社股份有限公司
地　　址	（100011）北京市朝阳区安定门外外馆斜街3号
网　　址	http：//www.ccpcl.com.cn
销售电话	（010）59757973
总 经 销	人民交通出版社股份有限公司发行部
经　　销	各地新华书店
印　　刷	北京交通印务有限公司
开　　本	787×1092　1/16
印　　张	14
字　　数	257千
版　　次	2023年11月　第1版
印　　次	2023年11月　第1次印刷
书　　号	ISBN 978-7-114-19053-7
定　　价	120.00元

（有印刷、装订质量问题的图书，由本公司负责调换）

编写委员会

主 编：林 豪

副主编：胡建平　任宝刚　王全勇　杨岳华　陈　毓　吴有成　吕文明
　　　　王洪存　黄华龙　程建国　周联英　傅　伟

编　委：郭　清　杨和平　王泽樑　郑　凯　张扬波　陈鸣飞　徐　安
　　　　胡　伟　王晓卫　喻斌斌　陈　卓　朱　立　陈　有　刘方方
　　　　贾　辉　许　斌　韦凯锋　陈俊伟　张名丰　张东煜　夏国锋
　　　　曹铁锤　张建洪　王飞燕　韩建华　吴　晓　徐小华　刘江武
　　　　朱勇勇　邱占杨　李小龙　徐　焕　苏忠坤　田宝泉　洪东升
　　　　孙　恒　戴仁勇　谢嘉春　胡鑫豪　王　骞

主编单位：浙江交投高速公路建设管理有限公司

参编单位：浙江义东高速公路工程建设指挥部
　　　　　浙江交工集团股份有限公司

序言

通达则地盛，地盛则繁华。自古繁华之地皆为水陆交通要地，交通运输是经济的脉络和文明的纽带，是民生之本、发展之源、兴国之要、强国之基。党的二十大报告指出，加快建设交通强国，加快推动交通运输等结构调整优化。站在新时代的坐标上，交通人坚持以人民为中心的发展思想，牢牢把握交通"先行官"定位，推动交通发展由追求速度规模向更加注重质量效益转变，由各种交通方式相对独立发展向更加注重一体化融合发展转变，由依靠传统要素驱动向更加注重创新驱动转变，建成人民满意、保障有力、世界前列的交通强国。

浙江地处我国东南沿海，地形复杂，素有"七山一水二分田"之说，境内山岭纵横、水系密布，建设条件复杂。近年来，随着"交通强国""交通强省"建设的大步迈进，浙江省高速公路建设主战场从平原地区向山区、沿海和岛屿转移，实现了县县通高速，初步建成了现代化高速公路交通运输体系。公路交通已经成为水路、铁路、航空等交通运输方式之间衔接的纽带，是构成综合交通运输体系中"大通道、大枢纽、大节点、大网络"的不可替代的基础性要素。

二十大报告指出："以城市群、都市圈为依托构建大中小城市协调发展格局，推进以县城为重要载体的城镇化建设。"金华-义乌都市区是浙江省"三群四区七核五级"城镇格局中"四大都市区"之一，是连接"一带一路"的重要物流枢纽和陆港城市，是"十四五"期间浙江省推进县域经济向都市区经济转型的主体区域。目前，沪昆高速公路（G60）杭金衢段、沈海高速公路（G15）联络线金丽温高速公路、东永高速公路和义东高速公路义乌段已相继建成通车。义东高速公路（S45）东阳段项目是浙江省高质量推进大都市区建设的重要项目，是完善金华-义乌都市区高速公路网络、实施义甬舟开放大通道战略的重要基础设施项目，也是浙江省首条穿越城区的高速公路。义东高速公路项目的修建，标志着浙江高速公路建设从通达成网到功能完善的巨大转变，高速公路不仅仅是区域联通的工具，更是城市功能完善、社会发展协调的重要工具。

义东高速公路东阳段整个主线桥以高架桥形式穿越主城核心区域，沿线两侧建筑物密集、商铺林立，地面道路车流量大、地下管线密集。与传统高速公路建设相比，具有显著的"三高两难"特点：桥隧占比高、社会关注度高、质量安全控制要求高，施工组织及交通组织难和政策处理难。这些特点决定了市域高速公路修建的复杂性和困难性。实践出真知，作为浙江省高速公路建设管理的主力军，围绕"智慧建设"和"平安百年品质工程"两大主题，义东高速公路建设者践行现代高质量、高水平开展工程管理的新要求，针对城区高速公路建设特点，先行先试，开展"高起点谋划、高水平管理、高质量施工、高标准建设、高效率执行"建设，以数字化改革小切口撬动大变革，全力打造全省领先的标志性成果，为"数字交通"当好开路先锋。

本书内容丰富，图文并茂，从项目的前期谋划、管理创新、数智建设到党建引领，全面而不冗杂，充分展现了浙江高速公路平安百年品质工程"新样板"、"数字浙江"高速公路建设"金名片"、浙中高速公路共同富裕"示范路"以及城区高速公路建设"样板工程"，具有很强的针对性和学习借鉴价值。

二〇二三年十一月　于东阳

前言

浙江是东部沿海经济发达省份，高速公路在推动区域协调发展、引领产业转型升级、提高运输供给等方面发挥了突出作用。随着全省区域经济的快速发展，县域经济逐步向都市区经济转型升级，对都市区区域快速交通提出了迫切需求，高速公路建设开始向城市区域挺进。

义东高速公路是浙江省高速公路网中金华-义乌都市圈的重要交通基础设施，主线以高架桥形式穿越东阳市城区，沿线经济发达，是全省第一条穿越城市主中心、傲立闹市中心的高速公路，其环境和地理位置决定了该项目建设的特殊性。与传统高速公路建设相比，市域高速公路建设面临的工程水文地质、区域环境等建设条件更为复杂多变。在"交通强省、品质工程"新形势下，面对城区复杂高速公路修建的新挑战，高速公路建设管理理念、管理模式的创新和发展势在必行。

"凡事预则立，不预则废"，义东高速公路从设计之初就紧绷"安全品质"之弦，以深入的前期谋划实现关口前移和顶层控制，包括高起点谋划（项目建设管理大纲）、设计先导（桥梁结构优化）、管线迁改（做足预算、统一迁改）、严格招标（大临建设标准化、低碳化）、安全先行（"531"管理目标）等。

义东高速公路作为2022年第一批"浙路品质"数字验收应用试点项目，积极开展"品质工程、数字工程"创建活动，着力构建"1+5+N"工程项目智慧建设功能体系，"1"即建设一体化智慧化项目建设管理系统，围绕施工过程质量和安全生产管理，对涉及质量和安全生产的数据进行自动采集、全程监控、实时管理，对工程建设实行智慧化管理；"5"即项目建设管理、施工质量管控、安全生产管控、试验检测管控、远程视频管控智慧化五个功能应用；"N"为五个功能应用的N个子应用。通过数字创新、技术创新、科技创新，落实工程质量、安全的全过程精细管控，追求工程本质安全，全力打造城区高速公路建设样板。

本书从工程建设的实际需要出发，全面展示了城区高速公路建设全过程的管理理念和创新举措，总结了质量、安全、进度、环保、党建、技术创新、数字化运用等各个方面的先进管理经验，可为今后的城区高速公路建设提供借鉴和帮助。

编　者

2023 年 9 月

目录

第 1 章　工程综述 ··· 1

1.1 工程背景 ·· 2
    1.1.1　浙江省高速公路发展历程 ····································· 2
    1.1.2　穿城（市域）高速公路发展概况 ····························· 3
    1.1.3　新时代高速公路数字化建设要求 ····························· 4

1.2 工程概况 ·· 5
    1.2.1　总体规划 ··· 5
    1.2.2　工程规模 ··· 7

1.3 穿城高速公路建设特点 ··· 10

1.4 穿城高速公路建设难点 ··· 12
    1.4.1　复杂市域环境管线迁改难 ····································· 12
    1.4.2　复杂市域环境施工与交通组织难度大、安全风险高 ····· 14
    1.4.3　环境保护要求高 ·· 14
    1.4.4　智慧建设要求高 ·· 14

第 2 章　建设理念和目标 ··· 15

2.1 建设理念 ·· 16
    2.1.1　新时代新使命 ··· 16
    2.1.2　建设思路 ·· 16

2.2 建设目标 ·· 17
    2.2.1　建设总目标 ·· 17
    2.2.2　建设分目标 ·· 17

第 3 章 前期策划 ····· 19

3.1 建设环境 ····· 20
3.2 谋定而后动 ····· 21
3.2.1 目标导向 ····· 22
3.2.2 设计先导 ····· 22
3.2.3 严格招标 ····· 33
3.2.4 安全先行 ····· 34

第 4 章 管理创新 ····· 35

4.1 制度创新 ····· 36
4.1.1 监理优监优酬 ····· 37
4.1.2 施工班组三方共管 ····· 39
4.1.3 工程质量安全双首件管理 ····· 43
4.2 精细化管理 ····· 46
4.2.1 BIM（建筑信息模型）技术的集成应用 ····· 46
4.2.2 大临设施 ····· 62
4.2.3 路基台背填筑 ····· 70
4.2.4 路面施工 ····· 70
4.2.5 桥梁结构物 ····· 77
4.2.6 隧道工程 ····· 82
4.2.7 班组标准化 ····· 86
4.2.8 安全管理极致精益 ····· 87
4.2.9 环保举措 ····· 94
4.3 安全管理创新 ····· 95
4.3.1 安全管理理念 ····· 95
4.3.2 安全管理目标和思路 ····· 95
4.3.3 安全管理创新及举措 ····· 96
4.4 技术创新 ····· 101
4.4.1 技术创新策划 ····· 101
4.4.2 工程设计创新 ····· 102

4.4.3　基于3D定位扫描的混凝土桥面数字精铣刨技术 …………… 103
　　　4.4.4　智慧梁场 ……………………………………………………… 106
　　　4.4.5　沥青玛琋脂碎石混合料（SMA）面层玄武岩细集料应用…… 108
　　　4.4.6　沥青面层无人化集群施工技术 ……………………………… 121
　　　4.4.7　数字化场景创新 ……………………………………………… 126
　　　4.4.8　课题研究创新 ………………………………………………… 126

第5章　数智建设 …………………………………………………………… 131

5.1　项目智慧建设管理系统 ……………………………………………… 132
　　　5.1.1　打造"一个平台、四大品牌" ………………………………… 132
　　　5.1.2　首次质量智评（数字验收）应用场景示范 ………………… 134
5.2　施工质量管控智慧化 ………………………………………………… 150
　　　5.2.1　混凝土智慧拌和 ……………………………………………… 150
　　　5.2.2　智慧仓储 ……………………………………………………… 157
　　　5.2.3　预应力张拉、压浆物联网改造应用 ………………………… 159
　　　5.2.4　沥青路面施工质量智控系统 ………………………………… 163
　　　5.2.5　试验检测管控智慧化 ………………………………………… 171
5.3　智慧安监 ……………………………………………………………… 175
　　　5.3.1　项目安全管理痛点 …………………………………………… 175
　　　5.3.2　设备人员定位系统 …………………………………………… 176
　　　5.3.3　门式起重机、架桥机等特种设备管控系统 ………………… 177
　　　5.3.4　智慧用电 ……………………………………………………… 178
　　　5.3.5　电子围栏、智能隐患识别系统 ……………………………… 179
　　　5.3.6　"平安义东"智慧化应用 ……………………………………… 179
　　　5.3.7　安全智控指数 ………………………………………………… 180
　　　5.3.8　安全码应用 …………………………………………………… 181
　　　5.3.9　积分制应用 …………………………………………………… 187

第6章　党建引领 …………………………………………………………… 191

6.1　聚合力跑出征迁"加速度" …………………………………………… 192
6.2　"莲心镌行"党建品牌创建 …………………………………………… 193

6.2.1 "莲心镌行"内涵 …………………………………………… 193
6.2.2 创建思路和工作举措 …………………………………… 194
6.2.3 特色亮点 …………………………………………………… 196
6.2.4 实施成效 …………………………………………………… 197
6.3 "四红一区二员"赋能立功竞赛 ………………………………… 198

附录　技术创新成果 …………………………………………… 199

第 1 章　工程综述

1.1 工程背景

1.1.1 浙江省高速公路发展历程

浙江省是东部沿海经济发达省份，高速公路在推动区域协调发展、引领产业转型升级、提高运输供给等方面发挥了突出作用。1996年浙江省建设完成了第一条高速公路——杭甬高速公路，由此掀起了以高速公路为重点的交通基础设施建设高潮。成环、提质，通过近三十年的快速发展，浙江公路交通运输经历了从"瓶颈制约"到"总体缓解"，再到"基本适应"和"适度超前"的发展历程，构建了路网密度和服务能力达到发达国家水平的高速公路服务体系。"十三五"期间，浙江更是快步走进综合交通建设的快车道，以"八八战略"为指引，聚焦3个"1小时左右交通圈"目标，加快构建现代综合交通运输体系，着力构建水陆空多元立体、互通互联、安全快捷、绿色智能的现代综合体系，综合交通网络实现了里程碑式发展。

2020年12月22日，龙丽温高速公路文成至泰顺段、杭州绕城高速公路西复线杭绍段、湖州段、临建高速公路建德至金华段、杭绍台高速公路绍兴金华段、台州段、千黄高速公路、台金高速公路东延台州市区连接线和杭宁高速公路拓宽工程共9条高速公路集中通车，标志着浙江实现陆域"县县通高速"。2021年12月29日，舟岱大桥通车，标志着浙江全域实现"县县通高速"。截至2021年底，全省高速公路通车总里程5163km（其中，桥梁46.1km，隧道4.5km），路网密度达4.89km/100km^2，居全国各省（自治区、直辖市）第三。全省"两纵两横十八连三绕三通道"主骨架已经形成，高速公路全面覆盖20万以上人口城镇、沿海港口主要港区、机场、铁路等重要枢纽，省际接口达到21个，实现高铁陆域市市通、高速公路陆域县县通、内河航道所有设区市通江达海。高速公路的建设也进入了完善网络功能、提升服务水平的新阶段。

《浙江省综合交通运输发展"十四五"规划》更是提出了基础设施先行引领的发展目标，即基本建成"六纵六横"综合运输通道，形成以四大都市区为核心的高能级综合交通枢纽体系，加密完善四大都市区快速交通环线，优化现代公路网络功能布局，构建"广覆盖、深通达、高品质"的现代化公路网络。而义东高速公路正是在此大背景下展开的以地方主导的高速公路重点建设项目之一。

1.1.2 穿城（市域）高速公路发展概况

穿城（市域）高速公路的发展史可以追溯到 20 世纪中叶以后，随着城市化进程的加速和交通需求的增长，越来越多的城市面临交通拥堵和交通效率低下的问题。为了解决这些问题，穿城或市域高速公路的建设开始成为一个重要的选项。20 世纪 60 年代和 70 年代，欧美国家开始兴建穿城或市域高速公路，以改善城市交通状况。这一时期的穿城高速公路建设受到了美国高速公路系统的启发，美国的先进城市高速公路网迅速成为典范，影响了世界各地的城市规划和交通工程。

国内穿城或市域道路的发展始于 20 世纪 80 年代末和 90 年代初，这一时期正值中国经济改革开放的初期，城市化进程加快，交通需求的增长使得城市内部的交通拥堵问题日益突出，国省道设计多穿城而过，成为发展地方经济、方便群众出行、提高城乡居民幸福指数的有力支撑。在当时背景下，地级市、县城等中小城市也依托和围绕国道、省道进行规划和建设。

通常来讲，一般新建的高速公路设计时都会有意和城市及城市发展方向拉开距离，而穿过城区的高速公路一般都是早期修建，由于经济和城市发展速度高于预期，后来因城市发展被新市区包围而形成的，比如 G75 兰海高速公路遵义市区段、G1522 常台高速公路苏州段、青银高速公路青岛段以及京港澳高速公路长沙段等。另外，对于城市环线和城市联络线来讲，也容易出现进入城市的情况，比较典型的例子是荆州。现在的荆州市区是由古荆州城和沙市两部分组成的，二广高速公路过长江后从两部分中间穿过，直接将这两个组团分开。在长江中下游，一些高速公路的跨江大桥选址相当靠近市区，因而在数年后便被新城和旧城夹在中间。江阴长江大桥（修建于 1994 年）和安庆长江大桥（修建于 2001 年）是比较典型的例子。

随着城市化进程的加快，城市交通压力不断增大，为了更彻底地解决城市内交通问题，穿城高速公路的概念开始出现。穿城高速公路是指直接在城市内部的核心区域穿越而不是绕行，以提高通行效率。这需要对城市环境、土地利用和人口分布等因素进行深入研究和规划。目前，国内穿城或市域高速公路的发展呈现出以下几个主要特点：

①穿城或市域高速公路建设不断推进。穿城或市域高速公路成为缓解城市交通拥堵的重要手段。许多地方政府正在积极筹建和建设这类高速公路，旨在提高城市的交通运输效率和便捷性。

②采用地下和高架结构的穿城或市域高速公路项目较多。为了克服土地资源紧张等问题，许多城市选择将高速公路置于地下或高架上，以节省用地，同时减少对城市环境和社区的影响。这种建设方式虽然技术复杂、成本较高，但对于城市交通环境的改善具有重要的意义。

③穿城或市域高速公路建设注重与城市交通系统的衔接。为了更好地与城市内部交通衔接，许多穿城高速公路与城市快速路、主干道等路网密切连接，提供便捷的出入口，并优化路线规划，以最大限度减少对周边居民的干扰。

但是，国内穿城或市域高速公路建设面临几个难点。一是土地资源有限，尤其是在城市区域内，土地供给紧张，不易找到合适的用地。二是交通组织问题，穿越城市的高速公路需要与城市交通系统接驳，需要克服交通流量集中、道路布局不合理等问题。三是需要考虑环境保护和生态平衡，避免对城市环境和生态造成过大的影响。四是由于穿城高速公路多为地下或高架结构，施工技术和成本也是一个挑战。五是与城市规划和建设有关的政策、法律法规等方面的问题需要解决。

义东高速公路东阳段正是在此背景下开工的浙江省首条穿城高速公路，面临着建设与城市运营的双重重大挑战。

1.1.3 新时代高速公路数字化建设要求

交通运输是国民经济中战略性、引领性、基础性产业和服务性行业，是习近平新时代中国特色社会主义思想形成和实践的重要领域。随着《交通强国建设纲要》和"交通强省"等省重大战略规划的陆续发布，高速公路等重大交通项目对高品质数字化建设提出了更高的要求。

数字中国、数字浙江、数字交通、数字工程……以数字为引擎，一个全新的时代正蓬勃生长。浙江是新时代"数字治理"理念的重要萌发地，也是数字经济大省，发展数字经济是浙江省委、省政府部署的基础性、战略性任务。数字化改革是浙江立足新发展阶段、贯彻新发展理念、构建新发展格局的重大战略举措。

浙江交通建设投资体量大、项目多、工程技术难度复杂，传统监管模式面临"瓶颈制约"，交通工程数字化改革是提升工程管理水平的必由之路。2019年，浙江被列为首批交通强国建设试点。近年来，浙江交通以交通强国建设试点为契机，整体设计、全面构建数字交通推进体系，引领交通治理现代化。2021年初，浙江省交通运输厅印发的《浙江省交通数字化改革行动方案》提出了"一年出成果、两年大变样、五年新飞跃"三步走的工作目标，为浙江省推动交通数字化改革提供了重要指导。因此，坚持以创新为第一动力，促进先进信息技术与交通建设的深度融合，以"数据链"为主线，以项目智慧建设平台，构建"浙路品质"公路工程数字化质量管控体系，通过项目智慧建设管理系统、质量数据数字化采集体系、网络化传输体系和智能化的应用体系，加快交通建设信息化向数字化、网络化、智能化发展，提升交通建设全过程数字化水平，为交通强国、数字化交通建设提供有力支撑。

1.2 工程概况

1.2.1 总体规划

金华-义乌都市区是浙江省"三群四区七核五级"城镇格局中的"四大都市区"之一，是连接"一带一路"的重要物流枢纽和陆港城市，是"十四五"期间浙江省推进县域经济向都市区经济转型的主体区域。目前，沪昆高速公路（G60）杭金衢段、沈海高速公路（G15）联络线金丽温高速公路、东永高速公路和义东高速公路义乌段已相继建成通车。义东高速公路（S45）东阳段项目是浙江省高质量推进大都市区建设的重要项目，也是完善金义都市区高速公路网络，实施义甬舟开放大通道战略的重要基础设施项目。项目全长33.4km，采用双向六车道高速公路标准，路基标准宽度33.5m，设计速度100km/h，桥隧比68.1%，总投资约98.9亿元。义东高速公路东阳段项目（以下简称"义东项目"）作为经营性公路，由浙江省交通集团和东阳市政府按6∶4比例出资建设，项目资本金占比为40%。浙江义东高速公路工程建设指挥部（以下简称"指挥部"）隶属于浙江交投高速公路建设管理有限公司，受项目法人委托，全面负责义东项目的建设管理工作。

项目分为江北至南市段（先行段）和南市至南马段，见图1.2-1。

江北至南市段全长10.7km，工程批复概算45.29亿元，其中建安费27.19亿元。项目起点位于湖田枢纽，路线跨S39、S37省道后设3247.5m特长隧道穿西甑山，出隧道后至项目终点。批复工期42个月，于2020年06月开工，计划于2023年12月完工。

南市至南马段全长22.73km，工程批复概算总投资55.52亿元（含画水互通连接线投资1.91亿元），其中建安费31.04亿元。项目起点顺接在建义东高速公路江北至南市段，路线往南经横城西、三门至婺城公路（在建）、安儒东、沧江东侧、福山景区西侧、南马镇东南侧、南湖西侧，终于王店枢纽。项目批复建设工期42个月，于2021年9月开工，计划于2024年12月完工。

其中，江北至南市段项目线位位于东阳市核心区域，主线以高架桥形式跨越主城区，基本沿现有东阳城区南北走向的市政主干道（八华北路、八华南路、城南西路中心线）展线，形成高架六车道高速公路和桥下八车道城市市政道路的"6+8"复合立体交通格局。项目建成后，犹如一条巨龙蜿蜒傲立于繁华市井中央，效果见图1.2-2。项目建成后可实现东阳市高速公路环状闭环，有效连接义乌、东阳、永康三大经济强市，对促进三地社会经济发展具有重要意义。

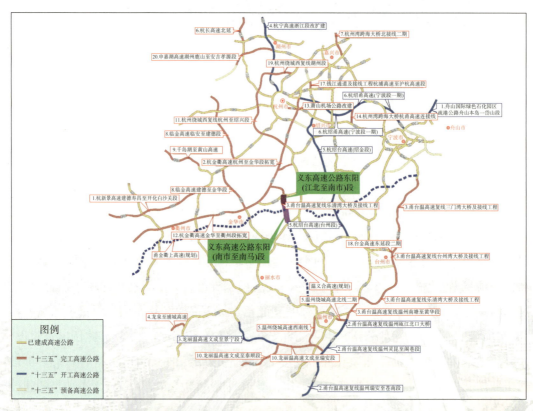

图 1.2-1　项目地理位置图

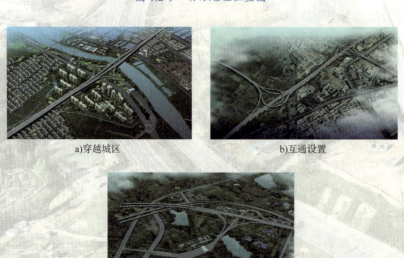

a)穿越城区　　　　　　　　　b)互通设置

c)收费站

图 1.2-2　项目效果图

1.2.2 工程规模

义东项目江北至南市段起自东阳城北甬金高速公路（K148+600附近，起点桩号为K0+000），设湖田枢纽与义东高速公路义乌段（义乌疏港高速）相接，沿东阳城区既有市政道路中央绿化带架设高架桥向南布线，穿越东阳城区，在江滨北街设置东阳西互通与地面道路连通，跨东阳江后沿八华路中央绿化带继续设高架穿东阳城区，至白云变电所西侧折向东南，沿城南西路继续设高架，跨甄山路后设白云互通与G527国道相接，跨S217省道（在建）、G527国道后设3247.5m特长隧道穿西甄山，出隧道后至本项目终点（桩号K10+700），与南市至南马段相接，路线全长10.7km。项目需同步恢复改造城区段高架桥下市政道路并顺接至S217省道（在建），桥下地面道路桩号为DK1+020~DK5+770，全长4.75km。

项目土建工程内容包括新建高速公路工程、甬金高速公路拼宽改造工程、高架桥下地面道路改造工程和高速公路运营配套工程。全线设湖田枢纽互通1处、普通互通2处（包括东阳西互通、白云互通）、西甄山特长隧道1座（左洞3248m/右洞3247m）、匝道收费站2处（东阳西互通1处、白云互通1处，其中东阳西互通设东、西共2个点）、高速公路管理分中心1处及必要的交通管理用房。施工图预算总投资为43.79亿元，平均每公里造价为4.09亿元（桥隧比91.71%），其中建安费为26.50亿元。

项目采用《公路工程技术标准》（JTG B01—2014）中的双向六车道高速公路标准建设，主线设计速度为100km/h，路基宽度为33.5m；匝道设计速度为30~60km/h，路基宽度为9~16.5m。桥涵设计荷载等级采用公路—I级。

高架桥下的广福西路至甄山路原市政道路改建段采用原市政道路设计标准建设。甄山路至S217省道（在建）的新建公路段采用S217省道标准，采用《公路工程技术标准》（JTG B01—2014）中的双向六车道一级公路标准建设。

1.2.2.1 路基工程

项目路基挖方约45.46万m^3（无超过一定规模的路堑边坡工程），隧道挖方92.50万m^3，路基填方100.40万m^3，路基利用方75.80万m^3，路基借方32.24万m^3。路基防护挡墙61处，其中填方路段55处，挖方路段6处。挡墙结构分I型路肩挡墙、II型路肩挡墙、仰斜式路堤挡墙、II型路堑挡墙和悬臂式挡墙5种形式，其中悬臂式挡墙采用C30混凝土，其他挡墙采用C20片石混凝土。悬臂式挡墙工程量约1255.37m^3，其他挡墙工程量约13798.6m^3。

新建涵洞4道，涉甬金高速公路拼宽涵洞10道及其他改路和改河工程。

1.2.2.2 桥梁工程

全线设桥梁35座，其中主线桥8座（含互通区主线桥，其中特大桥2座、大桥5座、中桥1座），互通枢纽区桥27座（含甬金高速公路拼宽桥7座和线外桥2座，其中大桥11座，中桥7座，小桥7座），桥梁合计长度10.226km（双幅桥梁计较长一幅）。桥梁分布和规模见表1.2-1。

义东高速公路桥梁工程统计表　　　　表1.2-1

序号	桥梁名称	结构形式	桥梁类型	跨径组成（m）	备注
1	湖田枢纽	钢混叠合梁/预应力混凝土连续箱梁	大桥	45+3×26+3×26+4×26.65+（25.31+29.69）+（27.6+30+27）+3×25+3×25	A匝道1号桥
		加强型小箱梁	中桥	3×25	A匝道2号桥
		钢混叠合梁/预应力混凝土连续箱梁	大桥	3×25+4×23+（3×26+26.2+45.31）	B匝道桥
		预应力混凝土矮T梁	小桥	1×13	C匝道1号桥
		预应力混凝土矮T梁	小桥	1×13	GLK0+139.5线外桥
		钢混叠合梁/预应力混凝土连续箱梁	大桥	3×25+3×25+3×25+（2×25+20.6）+3×26.3+3×26.3+（30+25）+5×26+3×26.4+3×26.4+45	C匝道2号桥
		钢混叠合梁/预应力混凝土连续箱梁	大桥	45+4×26+2×25+3×25	D匝道桥
		普通型小箱梁	中桥	3×25	东华路分离式立交桥
		混凝土空心板	中桥	1×8	YJK150+038.07机耕通道拼宽
		预应力混凝土空心板	中桥	1×20	YJK150+301.0桥式汽车通道
		混凝土空心板	小桥	1×8	YJK150+435.04机耕通道拼宽
		预应力混凝土空心板	小桥	1×13	YJK148+171.054机耕通道
		预应力混凝土空心板	小桥	1×16	锦纺村桥
		预应力混凝土空心板	小桥	3×13	锦纺村桥式汽车通道
2	主线桥	加强型小箱梁/钢混叠合梁	大桥	24.577+2×30+3×28+4×30+4×27+45	湖田枢纽主线桥
		加强型小箱梁/钢混叠合梁/现浇连续箱梁	特大桥	45+4×30+2×30+3×30+（4×26.93+27.28）+55+4×27+3×28+30+（50+85+50）+2×26.86+3×26.86	东阳西互通主线桥

续上表

序号	桥梁名称	结构形式	桥梁类型	跨径组成（m）	备注
2	主线桥	加强型小箱梁/钢混叠合梁	大桥	5×30+6×28+55+3×25+4×30+3×25+6×30	东阳高架1号桥
		加强型小箱梁/钢混叠合梁	大桥	45+4×28+3×30+55+4×30+4×30	东阳高架2号桥
		加强型小箱梁/钢混叠合梁	特大桥	55+3×28+4×30+3×28+65+5×25+5×30+6×30+5×25.6+65+3×26+4×27+3×28+（2×30+20）+5×26+45+（20+3×30+20）+4×30+3×28+4×30+20+2×30+45+4×30+65+3×30	东阳高架3号桥
		加强型小箱梁/钢混叠合梁	大桥	4×27+3×27+3×30+3×25+5×30+2×26.7	白云互通主线1号桥
		加强型小箱梁/钢混叠合梁	中桥	3×30	白云互通主线2号桥
		加强型小箱梁/钢混叠合梁	大桥	2×30+4×30+55+30+55+4×25+55+5×30	前山坞大桥
3	东阳西互通	预应力混凝土连续箱梁	大桥	5×25	B匝道桥
		预应力混凝土连续箱梁	大桥	（15.5+23.5+25）+3×25	C匝道桥
		预应力混凝土矮T梁	中桥	3×13	A匝道桥
		预应力混凝土连续箱梁	中桥	3×25+18	E匝道桥
		预应力混凝土连续箱梁	中桥	3×20	F匝道桥
4	白云互通	加强型小箱梁	大桥	3×30	A匝道1号桥
		混凝土连续箱梁	中桥	4×16	A匝道2号桥
		加强型小箱梁	大桥	5×30	A匝道3号桥
		预应力混凝土连续箱梁	中桥	2×25	B匝道桥
		预应力混凝土连续箱梁	大桥	5×25	C匝道桥
		预应力混凝土连续箱梁	大桥	4×25	D匝道桥
		加强型小箱梁	大桥	5×25	E匝道桥
		预应力混凝土矮T梁	小桥	1×13	GLK0+208.3线外桥
合计				特大桥2座，大桥16座，中桥10座，小桥7座	

1.2.2.3 隧道工程

项目设西甑山特长隧道1座，隧道位置及规模见表1.2-2。隧道标准断面为双洞单向三车道三心圆结构断面，左右洞各设置3处紧急停车带。

义东高速公路隧道工程统计表　　　　表 1.2-2

名称	洞别	起讫桩号	长度（m）	洞门形式		类型
				进洞口	出洞口	
西甑山隧道	左洞	ZK7+303~ZK10+551	3248	削竹式	削竹式	分离式（局部小净距）
	右洞	YK7+310~YK10+557	3247	削竹式	削竹式	

1.2.2.4　路面工程

高速公路部分沥青路面（以顶层计）约 49.3 万 m^2，立交桥下道路沥青路面（以顶层计）约 19.6 万 m^2。

1.2.2.5　其他工程

1）甬金高速公路拓宽改造工程

甬金高速公路拓宽改造内容包括路基、7 座拼宽桥梁、路面、交安、绿化等内容，具体范围：左幅 YJ147+884.957~YJ149+208.585（长约 1323.628m）；右幅第一阶段 YJ147+462.956~YJ149+508.615（长约 2045.6m）和第二阶段 YJ149+991.782~YJ150+605（长约 613.2m）。

2）高架桥下地面道路工程

主线高架桥下地面道路工程施工桩号为 DK1+020~DK2+305、DK2+501~DK5+770，长 4.554km。具体分原市政道路恢复改造段和新建与 S217 省道连接线段。

原市政道路恢复改造段：广福西路至甑山路之间的原市政道路桩号为 DK1+020~DK2+305 和 DK2+501~DK5+500，长 4.284km。地面市政道路改造工程（含各交叉路口）施工内容包括路基、路面、雨污水管线、绿化及路灯等工程。

新建与 S217 省道连接线：甑山路至 S217 省道（在建）段新建公路桩号为 DK5+500~DK5+770，长 0.27km。新建公路施工内容包括路基、路面、交安、绿化等工程。

3）高速公路运营配套工程

高速公路运营配套工程包括匝道收费站 2 处、高速公路管理分中心 1 处及必要的交通管理用房。

1.3　穿城高速公路建设特点

义东项目江北至南市段路线位于东阳市城区，整个主线桥以高架桥梁形式穿越主城核心区域，沿线两侧建筑物密集（紧邻东阳市最大综合体银泰广场、穿越东阳汽贸一条街），商铺林立，车流量大，既有市政道路管线密集，错综复杂。项目上跨金华轨道交通金义东线（在建），下穿杭温高铁（拟建），沿线穿越11个市政道口。项目投资额4.2亿/km，其中征迁费达1.6亿/km，是浙江省单公里投资最大、周边环境最复杂、结合城市道路改建的立体复合型高速公路，兼具公路和市政工程建设特点，见图1.3-1。

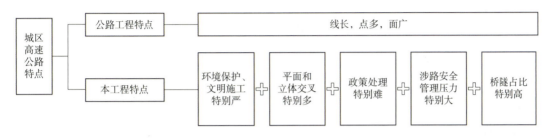

图 1.3-1　城区高速公路特点

1）桥隧占比高

项目主线全长10.7km，其中主线桥梁长6.566km（不包含互通区匝道桥梁），主线隧道长3.248km，主线桥隧合计总长度9.814km，占主线总长度的91.71%。

2）社会关注度高

作为浙江省首条大规模穿城高速公路，线位处于东阳市核心城区，沿线跨越东阳江、东阳江湿地公园和山坞水库等环境敏感区域，项目周边生态及市域环境复杂，项目建设安全与周边环境关联性强，建设施工对城市运营、周边商业和居民生活影响大，社会关注度高，示范效应强。

3）质量安全控制要求高

项目包含高架桥梁7座，特长隧道1座，全线桥隧占比近92%，是浙江省首条市域复杂环境下的穿城高速公路，建设面临"高速公路+城市高架桥"的双重挑战，桥梁结构须兼顾安全和景观性的同时，项目建设环境保护和文明施工要求高、成品外观质量要求高。主线桥上部结构采用中箱梁，结构形式新颖，是浙江省首个大规模应用项目。桥梁下部结构采用方柱接圆桩构造，施工精度要求高，质量控制难度大。

4）大型枢纽交通导改规模大

项目主线高架桥南北向横穿东阳主城区，起点设湖田枢纽式互通与甬金高速公路、义东高速公路义乌段相接，枢纽匝道与甬金高速公路设计为拼宽相接，枢纽区涉及3段路基拼宽改造、7座桥梁拼宽（其中两座半幅需更换梁板）、2座匝道桥跨越甬金高速公路、14座涵洞拼宽；甬金高速公路分流处有885m长的SA级混凝土护栏，甬金高速公路侧1988m长的分隔带SAm级混凝土护栏。甬金高速公路拼宽施工段总长3142m，涉及工作内容多、工序复杂，交通导改规模大。

1.4 穿城高速公路建设难点

义东高速公路穿越东阳城区时，利用城区既有道路以高架形式建设，优点是较好地解决了土地紧缺问题，让更多的城市土地用于发展其他产业。这样的一个布局，本身就是一个大胆的尝试，是一种建设模式的创新，既要建设，又要保障城市的正常运营和当地居民的财产安全，其成功实施对类似高速公路工程极具指导作用，在国内高速公路建设史上也具有重大意义。然而，项目上跨金华轨道交通金义东线、下穿杭温高速铁路、途经11条市政主干道和国省道，并与下方同步改建的八车道市政道路形成"6+8"复合立体交通，安全风险高、交通组织难、文明环保严。复杂的地上地下环境让义东项目的政策处理和施工组织举步维艰，众多的跨线施工更是难上加难，品质创建如"荆棘上的舞蹈"。

1.4.1 复杂市域环境管线迁改难

义东项目主线高架桥与现有道路共线，从起点至甄山路段基本沿地面八华北路、八华南路、城南西路中心线布设，地上、地下电力、排水、燃气等管线错综复杂。根据设计图纸，城区主线桥70%以上的桥墩桩基与地下管线有冲突，且多为深埋地下的大直径雨污水管。同时，该地面道路作为东阳城区南北走向的市政主干道，过境车流量大。城南西路是东阳市多年以来汽车集中销售点，两侧商铺门口停放着数千辆汽车，中振汽车城和车辆管理所也位于此处，建设和保通难度极大，特别是地下管线迁改和保护问题。

鉴于管线迁改工作是项目推进的一项重要前置工作，指挥部在成立之初，针对义东项目进行了深入的现场调研以及对杭州秋石高架桥等建设的相关调研，分析常规高速公路、城市高架桥建设特点和城区高速公路建设管线迁改特殊性和难度。

1.4.1.1 市域地下管线特点

项目与既有市政主干道共线穿越主城区，沿线商铺林，且受建设用地条件限制，桥梁结构邻近商铺店面。根据现场调研，共线市政道路管线密集、种类多，地下管网交错复杂，涉及水、电、燃气、雨、污等类型、合计14家管线产权单位，因此项目迁改工期紧、协调难度大、周期长。

1.4.1.2 管线迁改特难点分析

1）常规高速公路管线迁改特点

工程实践表明，常规高速公路项目建设中，管线迁改虽是一项常规工作，但是涉及迁改的管线一般横穿路基，数量也较少，迁改的廊道空间往往比较充裕，迁改方案的空间非常大，即一般情况下，管线迁改本身难度小，对高速公路建设的影响也非常小。而市域环境恰恰相反，不仅管线密集，数量和类型多，而且可供迁改的廊道空间非常有限，其实施对当地居民的生产、生活影响非常大。

2）城市高架桥管线迁改特点

一、二线城市的高架桥建设项目，一般早已列入当地城市发展的中远期规划，即项目建设空间已提前预留，后续城市地下大型管线也会避让或合理布局。同时，城市市政设施建设相对更为规范，竣工资料较为齐全和规范。

3）市域高速公路管线迁改特点

义东高速公路穿越的东阳市，属于县级市。前期调研中发现，既有道路市政设施（如地下管线等）不仅竣工资料缺失严重、管线档案收集困难，而且管网布置无序。特别是在现场深入调研时发现，东阳当地喜欢开挖利用地下空间，部分居民甚至把地下空间拓展至房屋建筑范围之外，甚至部分路段的管线设计迁移廊道已被占用，地下空间非常复杂，必须沿线逐幢摸查。义东项目地下管线迁改面临的困难有：

①管线资料缺失严重，埋设位置与设计偏差大。通过个别管线的试探发现：实际埋设位置与竣工资料标注的埋管位置偏差最大值达4m以上，管线现场精探难度大、工作量大，对桥位结构设计、施工影响大。

②既有地面道路管线类型多且埋设复杂。其中，雨污水等大管线迁改受制于城区既有市政道路空间，部分路段空间狭小，根本无法实现"一管线一廊道"迁改，且深埋管线的迁改会影响其他未迁改管线的正常运转，牵一发而动全城，迁改工作量大、民生影响大。

③城区高速公路主线高架桥施工涉及地面道路的恢复改造施工，高架桥和地面道路的立体交叉需分幅施工。当半幅地面道路或辅道先行建设作为临时保通道路时，其雨污水窨井盖高程的确定就非常难。一方面，作为永久工程的一部分，需考虑通行后的工后沉降，就需要预抬窨井盖设计高程，由此就会影响行车的舒适性和安全性。另一方面，若暂不考虑预抬高程，则最后恢复道路时，需要对窨井盖圈进行补高找平，将会影响质量和耐久性。

④按高速公路传统管线迁改模式，管线迁改由地方指挥部负责实施。而地方指挥部一般都是临时机构，基本由公路交通系统人员临时抽调组成，对市政道路管网系统的迁

改相对缺乏经验，往往交由各管线产权单位各负其责，会造成各自为政，存在"轮番上阵"、反复拉链式或无序迁改现象，将会严重影响工程的有序推进和工程进度。

1.4.2 复杂市域环境施工与交通组织难度大、安全风险高

项目建设同6条公路（1条高速公路，1条国道，1条省道和3条地方道路）和18条市政道路交叉。其中，项目起点与甬金高速公路交叉，涉及甬金高速公路拼宽改造；主线高架桥沿东阳市主城区市政主干道路布线，将城区分隔为东西两部分，涉及新建高架桥和高架桥下地面道路改造工程的平面立体交叉施工，交通分流协调压力大，安全管控要求高；西甄山特长隧道入口处与S39省道及S37省道三层交叉，上跨既有省道。同时，项目沿线经济发达，两侧建筑密集程度高，地下管线错综复杂，土地资源稀缺，作业场地狭小，施工便道布设难度大，制约推行"工厂化"的场地因素突出，建设过程交通组织和施工组织难度均较大。

1.4.3 环境保护要求高

项目主线横穿城区，施工及运营期的噪声及空气质量控制要求高。同时，东阳西互通跨越东阳江，处于东阳江省级湿地公园范围，项目周边生态环境脆弱，环境保护要求高。

1.4.4 智慧建设要求高

义东高速公路（江北至南市）段于2021年初被列入《浙江省交通数字化改革行动方案》中开展智慧建设的示范项目，成为首批浙江省交通工程数字化改革试点项目。项目建设需要围绕当前交通建设领域存在的痛点、难点等问题，探索推进数字化改革创新，以数字赋能为品质工程迭代优化，重点在数字验收、安全智控等领域先行先试，发挥示范引领作用。

第 2 章　建设理念和目标

2.1 建设理念

2.1.1 新时代新使命

随着浙江经济的快速发展，铁路、轨道、公路、港航、航空、管道、快递邮政、枢纽、绿道等交通基础设施建设得到了空前发展。为贯彻落实浙江省委、省政府关于建设高水平交通强省的决策部署，浙江省人民政府办公厅于2020年4月14日印发了《浙江省推进高水平交通强省基础设施建设三年行动计划（2020—2022年）》，全面推进交通基础设施建设。

浙江在习近平新时代中国特色社会主义思想指引下，忠实践行"八八战略"，以逢山开路、遇水架桥的奋斗姿态，聚全省之力，先行先试，开展交通强国建设试点工作，取得一系列标志性成果，为加快建设交通强国贡献"浙江路径"和"浙江方案"。

义东项目立足浙江"重要窗口"的新目标新定位，全面推进交通建设工程"浙路品质"数字化改革，打造"平安百年品质工程"、"数字浙江"高速公路建设"金名片"和城区高速公路建设"标杆工程"。

2.1.2 建设思路

义东高速公路是浙江省高速公路网中金华-义乌都市圈的重要交通基础设施，主线以高架桥形式穿越东阳市城区展线，沿线经济发达，其环境和地理位置决定了该项目并非一个简单的、普通的、常规的高速公路工程项目。作为"城区高速公路项目"，必须与城市融合、协调。

同时，义东高速公路建设正值加快交通强国建设和实施"十四五"规划的开局之年，也是浙江省第一条穿越城市主中心、傲立闹市中心的高速公路。在新时代发展形势下，面对城区复杂高速公路修建的新挑战，高速公路建设管理理念、管理模式的创新和发展势在必行。

义东建设者践行高质量、高水平开展工程管理的新要求，围绕"智慧建设"和"平安百年品质工程"两大主题，针对城区高速公路建设特点，坚持"创新、协调、绿色、开放、共享"的新发展理念和"品质工程，匠心智造"建设品质工程理念及全寿命周期建设发展理念，追求工程内在质量和外在品位的有机统一，以全面提高工程品质、管理品质、服务品质、合作品质、人才品质为己任，开展"高起点谋划、高水平管理、高质量施工、高标准建设、高效率执行"建设，加快推进"浙路品质"高水平建设，以数字化改革小切口撬动大变革，全力打造全省领先的标志性成果，为"数字交通"当好开路先锋；全力打造浙江高速公路平安百年品质工程"新样板"、"数字浙江"高速公路建设"金名片"、浙中高速公路共同富裕"示范路"以及城区高速公路建设"样板工程"，高质量完成义东高速公路项目建设任务。

2.2 建设目标

2.2.1 建设总目标

紧紧围绕建设"交通强国"和"交通强省"战略部署，按照"以工匠精神打造品质工程，以创新思维铸就绿色公路"建设思路，通过"双百""双创"目标，实现"四个一"的综合目标和"国内领先、省内一流"的建设目标，将义东高速公路打造成"优质耐久、安全舒适、经济环保、社会认可"的品质工程，以更好地满足人民群众安全便捷、高效出行的需要。

2.2.2 建设分目标

1）质量"双百""双创"目标

管控目标："双百"目标，以标准化为抓手，确保分项、分部工程施工质量检验合格率100%，确保单位工程一次验收合格率100%。其中：交工验收质量评定合格并达到95分以上，竣工验收质量评定优良并达到92分以上。

创建目标："双创"目标，创建金华市"双龙杯"奖和浙江省"钱江杯"优质工程奖，争创公路工程交通优质奖"李春奖"和"鲁班奖"；将"百年大计、质量第一"的准则贯穿于项目设计、建设、管理全过程，创建城区高速公路样板路。

综合目标："四个一"综合目标：建成一条城区高速公路样板工程，总结一套可复制可推广的先进经验，创新一批工程技术及管理制度，打造一支高素质专业管理团队。

2）"平安工程"安全目标

杜绝较大及以上安全生产事故，避免和减少一般事故的发生，实现人员零死亡和无较大经济损失。确保省级"平安工地"示范项目，争创交通运输部、应急管理部公路水运"平安工程"冠名。不发生同责及以上的道路交通死亡事故；不发生重大职业卫生健康事件；不发生群体性新冠疫情感染事件。打造省内高速公路建设安全管理样板工程。

3）环保目标

工程施工过程中不造成较大环境污染；不发生省级及以上媒体曝光的环境污染事件，不发生相关部门通报事件。排放标准实现"四个100%"（施工污水排放标准达标率100%，有毒烟尘浓度达标率100%，施工噪声达标率100%，施工固体废弃物排放达标率100%）。争创金华市"绿色施工工地"。

4）智慧化管理目标（智慧项目）

建成具有先进水平、可靠实用、适度领先的高速公路项目信息化体系，包括打造1个平台（义东高速智慧平台），6个中心（智慧工地管控中心、物料仓储配送中心、钢筋加工配送中心、梁板智能建造中心、混凝土加工配送中心、产业工人实训中心）。

5）投资控制目标

确保工程投资不超估算、概算不超估算、决算不超概算（除地方增加投资外），累计变更不超合同总价的3%。

6）党建管理目标（"红色品牌"）

秉持"党旗插在工地上、支部建在项目上、党员冲在一线上"的精神，创建"政治站位高、组织功能优、队伍能力强、基础工作实、党建成效好"的红色党建工作品牌。

7）廉政管理目标（"三清两零"）

政治上清醒、经济上清廉、生活上清白，确保因腐败导致的违法事件为"零"，刑事诉讼案件为"零"。

第 3 章　前期策划

3.1 建设环境

东阳是全国百强县之一，歌山画水，浙中明珠。义东项目是浙江省首条以高架形式穿越城市主城区的高速公路，线位处于东阳市核心区域，高楼林立、车水马龙、商贾云集、熙来攘往（图3.1-1）。一边是东阳银泰城，一边是高档小区，300多家商铺"争芳斗艳"，更有数不清的地下管线犬牙交错、密如蛛网、牵一发而动全身。仅城南西路两侧短短百余米内，就涉水、电、燃气、雨、污等14类管线产权单位。因此，项目实施与东阳市城市运营密切相关。

a) 高楼林立

b) 车水马龙

图3.1-1 高速穿越主城区

复杂的地上地下环境让义东项目的政策处理和施工组织举步维艰，众多的跨线施工更让项目推进难上加难。项目上跨金华轨道交通金义东线、下穿杭温高速铁路、途经11条市政主干道和国省道，并与下方同步改建的八车道市政道路形成"6+8"复合立体交通，是浙江省单公里投资最多、周边环境最复杂、结合城市道路改建的立体复合型高速公路（投资额4.2亿/km，其中征迁费1.6亿/km）。安全风险高、交通组织难、文明环保严，品质创建如"荆棘上的舞蹈"。

义东建设者迎难而上，牢牢立足浙江省"首条复杂市域环境高速"实际，紧紧围绕"智慧建设"和"平安百年品质工程"两大主题，"高起点谋划、高水平管理、高质量施工、高标准建设、高效率执行"，上下一心，破坚克难，奋力建设人民满意交通。

3.2 谋定而后动

"凡事预则立,不预则废",这一古训在义东项目又一次得到了力证。义东项目从设计之初就紧绷"安全品质"之弦,以深入的前期谋划实现关口前移、顶层控制。

作为高速公路工程,义东项目依照公路工程建设流程实施管理,项目初步设计周期一般较短,内审、行业预审和联合审查等各级审查等习惯性倾向于以公路工程技术指标、结构本身安全及适用性作为评审标准。尤其是常规高速公路项目一般位于郊区、野外,项目前期征迁工作量一般占比少、发挥空间或余地均较大。而义东项目属城区高速公路,不仅沿线地下管线复杂,而且城市空间受限,具有显著的城区高架桥建设特点,若按常规高速公路设计理念或思路,初步设计阶段易在征迁难度、费用估算和结构适应性等方面考虑不周。

义东指挥部坚持管控重心前移,以工程质量安全耐久为核心,强化工程全寿命周期设计,结合城区高速公路特点,充分发挥建设单位在项目前期阶段的主导作用,从目标管理、工程造价、质量安全管控、施工组织、品质工程打造、因地制宜等方面入手,全面深入谋划前期工作,做深做优做精设计,加强项目工可、初步设计、施工图设计、招标管理等全过程管控,推动了设计阶段"标准化、规范化"和"营运、建设"相协调的实现,见图3.2-1。

图 3.2-1 精细谋划

3.2.1 目标导向

为打造浙江省高水平交通强省建设的"硬核"力量,在前期阶段就开始谋划项目建设,以目标为导向,制定项目建设管理大纲,提出以"高起点谋划、高水平管理、高质量施工、高标准建设、高效率执行"为指导,着力在质量上实现"钱江杯"优质工程奖、省级"品质工程"示范项目,力争"李春"奖,在安全上实现省级"平安工地"示范工程,力争部级"平安工程"冠名。

3.2.2 设计先导

设计是品质工程的基础和先导。指挥部结合城区高速公路特点,在设计阶段从投资、施工可行性、安全性、外观等角度对设计方案进行反复的比较和讨论(图3.2-2、图3.2-3),一方面要求设计单位创新设计理念,合理运用技术指标,另一方面深入实施标准化设计,并因地制宜科学选择和优化设计方案。

图 3.2-2 深入现场

图 3.2-3 研究探讨设计方案

3.2.2.1 地下管线迁改方案优化

1)迁改方案谋划

图 3.2-4 机器人精探

鉴于城区高速管线迁改工作的特殊性,指挥部在项目前期就积极谋划迁改方案,在设计阶段、施工准备阶段、施工阶段一直与地方政府及相关部门保持积极沟通、配合协调并交流分享管线迁改的经验。

(1)管线精探

会同各产权单位、勘察设计单位采用精确物探设备等进行详细勘查(图3.2-4),探明管线位置和数量，对勘探信号弱的非金属管线进行人工开挖复核，确保管线勘探位置准确，并绘制全线管线布置图。

（2）设计优化

义东高速公路是浙江省重点工程，项目设计的科技含量高，首次将BIM（建筑信息模型）技术（包括构建BIM模型、深化设计成果、施工技术应用和施工管理应用等）和智慧管理平台全面应用于公路工程。采用BIM技术建模（图3.2-5），模拟各类管线实时施工状况、交通组织和既有管线埋设等情况，与桥梁桩基进行冲突验证，逐桩逐墩深化设计，避开复杂、难度大的重要管线，并及时提供全线管线征拆清单，降低征迁难度。

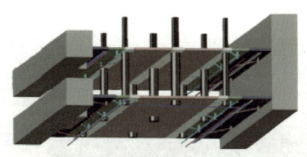

图 3.2-5 老路管线三维图（BIM 建模）

（3）做足概算

充分考虑管线迁改费用，在概算中对管线征迁费用予以充分保障。项目征迁费用概算约 1.2 亿/km（相当于浙江省双向四车道高速公路工程的造价），其中既有城区道路管线迁改费用达约 0.5 亿/km，确保工程安全顺利推进。

2）技术支持

指挥部进场开展工作后，即开始与东阳市政府及相关部门、金华市交通运输局、管线迁改单位进行沟通，对接征拆工作推进计划，包括各路段的计划时间、征拆重点、难点及项目的特殊性、困难性，以引起地方的高度重视，尽早启动征拆工作。

（1）做好技术交底

指挥部会同设计单位对所有管线产权单位进行迁改工作的技术交底，包括迁改清单、迁改要求、迁改位置（即辅道外侧）、管线高程等。在提供迁改清单的基础上，指挥部向地方指挥部传递"统一设计、统一迁改、一次到位"等迁改理念，要求一次改造到位，避免管线二次迁改和影响后续工程实施。

（2）提供技术支持

指挥部会同设计单位利用BIM技术制作管网三维空间图，就管线迁改中的注意事项对地方指挥部人员进行讲解指导。

（3）出谋划策

通过工作对接会、动员会等加强与当地指挥部的沟通协调，出谋划策，建议由东阳市政府组织成立管线迁改小组（由相关部门及管线产权单位等组成），明确牵头单位，统一设计、统一迁改、一次到位，以保证后续管线迁改的有序进行。

3）动态跟踪

（1）设计动态优化

随着工程推进，管线位置进一步明确。为减少管线迁改时各类管线的相互交叉影响，结合永久工程参与方案协调，与主体设计单位协商，多次进行设计优化，避让部分管线，如三处军用光缆及长途光缆等，尽可能降低征迁工作难度，推进工程建设。

（2）沟通协调

施工过程中，指挥部一方面及时梳理管线迁改中存在的困难和问题，总结迁改经验教训，明确各方责任及时间节点并建立应急处置机制；另一方面加强与东阳市政府及相关单位的对接，通过召开管线迁改协调推进会等，推进管线迁改工作。

3.2.2.2 桥梁结构方案比选

1）双柱式花瓶墩和三柱式门式墩比选

（1）双柱式花瓶墩

高速公路高架桥受其本身结构受力情况制约，使得其对下部结构的稳固性与安全性具有更高的要求。随着美丽城市、生态建设理念的不断普及，城区高速公路高架桥需同时兼顾城市建设的生态性与美观性。因此，义东项目穿越东阳城区的主线高架桥初步设计早期采用了双柱式花瓶墩（图3.2-6）。

双柱式花瓶墩结构的优点是简洁敦实，兼顾安全和美观。桥墩结构占用高架桥下部的空间相对较小，有利于提升桥下空间的利用率，视野相对通透，在后续施工过程中也不会过多影响高架桥下部空间和地面道路的通行，因而日益受到设计师的青睐，成为城市高架桥的首选结构。

图 3.2-6 常规双柱式花瓶墩

（2）三柱式门式墩的提出

义东项目初步设计采用的双柱式花瓶墩接桩基承台基础，占用既有市政道路的中央分隔带宽度较大（对于宽幅桥梁，中央分隔带宽度要求近10m），且涉及迁移管线类型多、工程量大、施工周期长。特别是通过对项目的深入调查发现：下部结构采用此方案，城南西路段将无法满足既有市政道路的车道结构布置，而且采用六车道整幅式高架桥，对花瓶墩大悬臂盖梁的承载性能和稳定性能要求将更高，实践中必须大幅提高盖梁的配筋率，造价相对较高。

结合既有市政道路路幅布置及地下管线分布实际，指挥部经与设计单位多次研究、反复比选，最终提出将市域双柱式花瓶墩优化为三柱式门式墩（图3.2-7），实现断面桩基最优化布置，大幅减少墩柱占地面积，既满足桥下市政道路的设计车道数，又实现了门式墩盖梁结构的高承载性能和安全性能。

图3.2-7　三柱式门式墩

2）圆桩接方柱创新设计

若将三柱式桩柱承台结构进一步优化成桩柱式结构，则可大大减少既有市政道路的开挖规模和地下管线迁移量，进度效益和工期效益将更为显著。

（1）城市环境群桩承台接柱利弊分析

群桩承台基础接墩柱结构是大型桥梁下部结构的典型结构形式。此类结构的优点是桩基、承台共同承担上部结构传递的荷载，基础的整体性、刚度和抗震性能较好。缺点是占用地面空间大，特别是随着跨径的增大，桩基和承台结构也相应加大。在城市建造环境下，采用桩基承台结构，主要存在以下弊端：

①既有市政道路上的高架桥承台结构需伸入地面道路范围，大基坑开挖对原地面破坏较大，回填时易造成不均匀沉降，且对现有交通影响范围大。

②大承台容易与城市地下构筑物冲突或与市政设施相互干扰。既有市政道路地下管线类型多，涉及产权单位多，迁改工程量大，协调沟通难，对工程进度影响大。

（2）单桩接单柱基础应用情况

与群桩承台相比，三柱式门式墩若采用大直径单桩接方柱结构代替承台构造（图3.2-8），可简化施工工艺（无须大范围开挖基坑），缩短施工周期（既可减少既有道路的破坏和管线迁改，又可避免承台伸入地面车道），提高经济效益和安全效益（对侧面的道路行车无影响，有利于后期的行车安全），同时有利于提高下部结构质量和耐久性，特别适合于市区用地紧张的建设条件。

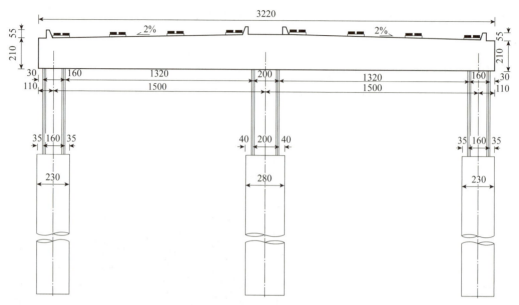

图 3.2-8　圆桩方柱下部结构示意图（尺寸单位：cm）

随着现代城市建设的发展，有限的土地资源将日趋紧张。近年来，随着桩基施工工艺的不断完善，无承台单桩接单柱变截面设计在国内得到广泛的应用。与群桩承台相比，单桩独柱结构桩基数量少、工效快，无须大范围开挖基坑、破坏原有道路路面，可以节省桥梁下部结构占用的空间，对侧面的道路行车无影响，见图3.2-9、图3.2-10。

图 3.2-9　传统承台大开挖示意图

图 3.2-10　单桩独柱开挖示意图

另外，根据国内外研究成果，墩柱和桩连接处在邻近地面或地面以下附近，是桥墩（台）受力最大的部位。将桩柱承台方案优化为大直径圆桩接方柱方案后，需对圆桩方柱接头的合理构造与施工工艺等进行技术攻关。

（3）逐桩深化设计

针对密如蛛网的地下管线，义东项目如履薄冰。在产权单位提供的竣工图纸基础上，精确物探，并运用BIM模拟"逐桩逐墩"深化设计，以实现精准开挖、减少征迁和防护施工。

大直径单桩接方柱代替"群桩加承台"是设计阶段谋划施工、运营安全的一大创新，这样既可减少既有道路破坏和管线迁改，又避免了承台伸入车道影响后期行车安全。

3）下部结构模块化设计优化

城区段下部结构弃装配化而选现浇，是设计对施工安全的又一提前考量。

随着经济的发展，人们对城市建设的要求越来越高，施工对周边环境及交通的影响逐渐成为方案选择的重要参考因素之一。随着国家大力推行预制装配式建筑及建筑工业化，桥梁预制装配化结构因其绿色环保、施工速度快、对周边环境影响小、综合社会效益高等特点，近些年发展较为迅速，预制装配式桥墩结构近些年来也得到探索研究，并已成功应用于城市高架桥之中。2014年上海S6公路建设中，开始对两联高架桥桥墩的立柱采用整体预制现场拼装的施工技术试验，随后2015年在上海的嘉闵高架桥、S26等项目中开始运用，之后全国范围内的公路、市政桥梁开始装配式立柱的试点或推广应用。

义东项目主线高架桥穿越东阳市城区兴平路等市政主干道路，将东阳市城区分隔为东西两部分，共涉及18条地面市政道路与周边众多市政道路的平面交叉。为加快施工进度，减少桥梁下部结构占用场地并缩短施工时间，最大限度地减轻对桥位环境影响和交通干扰，项目主线高架桥下部结构初步设计采用了模块化设计，见图3.2-11。

义东高速公路为整体式六车道高速公路，采用装配式下部结构虽然快捷高效，但根据初步设计图纸，因预制立柱、盖梁构件尺寸大，质量达400~700t，将双幅六车道整体式盖梁分三段预制，其单段质量也达200t以上，对预制场布置、市域运输道路和场地起重要求较高，不仅实施难度大，而且安全风险极大。同时，盖梁作为支撑、分布和传递上部结构荷载作用的构件，相对于墩柱，双柱式装配式盖梁横桥向体量大，结构更为复杂，结构预制方案工序多，实施难度大，且受运输和吊装等因素影响更大，现浇法下部结构（图3.2-12）更有利于提高施工安全性。因此，对城区高速公路来说，装配式下部结构优势和劣势同样突出。

经进一步深入现场调研，对于寸土寸金的市域环境，主城区周边基本不具备大规模预制场地设置条件，前期征地极为困难，且主城区运输条件也受到限制。因此，从因地制宜角度考虑，墩柱盖梁采用传统现浇法，在降低造价和施工难度以及工期保证方面更有优势。

图 3.2-11 装配式下部结构

图 3.2-12 现浇法下部结构

4）中箱梁结构优化

城区段上部结构采用"加强型小箱梁"，同样是义东项目"全过程大安全"理念的彰显。

（1）装配式梁型优选

义东高速公路东阳（江北至南市）段全长 10.7km，其中近 6km 主线高架桥沿东阳城区既有市政道路布线，穿越东阳市核心城区。从城市景观、造价、施工便利性等方面考虑，拟采用装配式梁板。对于中小跨径桥梁，装配式梁板常规类型主要有 T 梁、钢混组合梁、节段梁和小箱梁等，工艺均较成熟，其断面及景观效果见图 3.2-13～图 3.2-16。

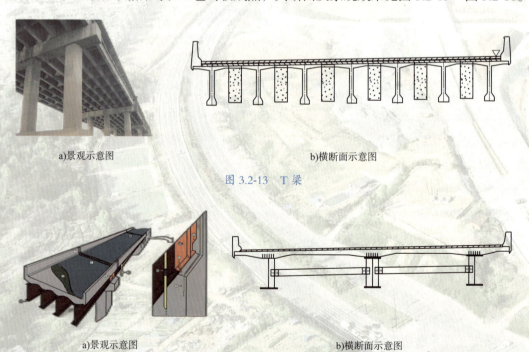

a)景观示意图　　　　　　　　　　b)横断面示意图

图 3.2-13　T 梁

a)景观示意图　　　　　　　　　　b)横断面示意图

图 3.2-14　钢混组合梁

 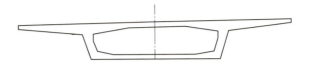

a) 景观示意图　　　　　　　　　b) 横断面示意图

图 3.2-15　节段梁

a) 景观示意图

b) 横断面示意图

图 3.2-16　小箱梁

充分考虑城市景观需求，对T梁、钢混组合梁、节段梁和小箱梁等梁形进行综合比选，从造价、施工便利性、美观性、质量控制难易和运营质量通病等多角度对比，见表3.2-1。

T梁、钢混组合梁、节段梁和小箱梁特点比较分析表　　表 3.2-1

项目	T梁	钢混组合梁	节段梁	小箱梁
结构受力性能	整体刚度大，结构受力性能和整体性较好	整体刚度大，结构受力性能较好	整体刚度大，结构受力性能和整体性较好	竖向刚度偏小，结构受力性能和整体性能一般
施工难易程度	运输架设重量较轻；但稳定性差，横板多，高空作业多，安全风险大	运输架设重量较轻；但稳定性差，横板多，高空作业多，安全风险大	预制、安装技术要求高，运输架设重量较小；无纵向接缝，高空作业多，施工复杂，安全风险大	吊重量较大；结构尺寸较经济，混凝土浇筑比T梁复杂，施工质量不易控制
变宽适应能力	适应变宽能力好	适应变宽能力好	适应变宽能力差	适应变宽能力好
施工工期	工厂化制作，施工快	工序相对烦琐	工厂化制作，施工慢	工厂化制作，施工快
关键施工设备	架桥机、起重机等常规设备	架桥机、起重机等常规设备	专用架桥机设备	架桥机、起重机等常规设备
对桥下影响	对桥下道路影响较小	对桥下道路影响较小	对桥下道路影响较大	对桥下道路影响较小
结构耐久性	结构外露多，纵横向湿接缝较多，结构耐久性一般	钢结构外露多，高空作业多，结构耐久性较差	结构耐久性较好	纵横向湿接缝较少，封闭截面次内力较大，存在裂缝病害可能

续上表

项目	T梁	钢混组合梁	节段梁	小箱梁
后期养护	养护费用较低	后期养护费用高	养护费用较低	箱室空间较小，病害检查及维护难度较大
造价	适中	较高	高	较低
景观效果	纵横向格构结构，景观效果较差	纵横向格构结构，景观效果一般	景观效果好	纵横向结构少，桥梁景观好
综合比选结果	较好	一般	较差	较好

从上表分析可知，在造价、预制安装便捷性等方面，小箱梁与T梁总体相当，但景观效果比T梁更好。特别是预应力小箱梁，具有较大的截面抗扭刚度，能够很好地满足高等级公路行车高速、平稳、舒适的要求，并且兼有造价经济、施工速度快的特点，因此在国内外得到了十分迅速的发展和广泛的应用。充分考虑景观效果后，宜优先选用预制小箱梁，但根据工程实践，小箱梁箱室裂缝病害频发，在一定程度上会影响结构耐久性，因而需要对常规小箱梁进行结构优化。

（2）小箱梁病害调研分析

我国预应力小箱梁技术经过近40年发展，经历了技术探索阶段、试用推广阶段、普及推广阶段以及成熟应用推广阶段，但也逐步暴露出小箱梁的裂缝问题。通过资料收集和工程专题调研，小箱梁的裂缝病害类型及成因分析见表3.2-2。

小箱梁裂缝病害类型及成因分析一览表 表3.2-2

裂缝类型	主要表现	成因分析
腹板斜裂缝	多存在于主梁梁端，与梁板成45°夹角，斜方向延伸到底板处，裂缝宽0.2~2mm，严重时超过2mm，裂缝深度普遍深入到箱梁整个腹板界面	不同类型裂缝的成因各不相同，原因有：①箱梁的腹板比较薄、箍筋间距大；②施工质量控制和养护不到位；③箱梁的荷载和承载能力问题；④局部配筋不足
顶板纵向裂缝	多存在于腹板和顶板交界处，裂缝间断分布或不间断分布，局部存在混凝土碎裂现象。裂缝会严重损坏桥梁表面的防水层，梁体会出现较为严重的渗漏，严重时会导致箱梁出现较为明显的单梁受力现象	
沿波纹管的纵向裂缝	主要出现在腹板靠近底板20cm处，多出现在梁长的1/4~3/4范围之内。裂缝主要沿预应力的钢束布束方向产生，裂缝宽度在0.1~0.2mm之间，深度在1~2cm之间	
梁体跨中的环向裂缝	主要出现在施加预应力之前的箱梁中部横断面腹板和顶板以及底板，裂缝之间相互贯通，造成断梁现象	
底板纵向裂缝	裂缝多出现在箱梁底板的中部，其分布形态是不连续的纵向裂缝，裂缝宽度可达0.31mm	
梁端锚下裂缝	多出现在梁端或其他布置锚具的地方，其分布形态为沿端部的纵横向裂缝	
横隔板病害	如横隔板混凝土破损、开裂；横隔板裂缝在重车作用下发生开合；横隔板连接钢筋变形、脱焊；横隔板存在不共面、错位情况；桥梁横向联系比较薄弱等	①横隔板刚度不足；②施工质量不过关；③重车超载

针对小箱梁在运营阶段易出现裂缝病害问题，指挥部与省内管养单位、设计院等进行了充分的调研交流分析，提出了小箱梁结构设计优化要求，研发解决当前小箱梁病害问题的预制中箱梁结构，包括中箱梁合理断面尺寸、经济梁距及合理施工工艺等。

（3）小箱梁结构优化

在常规小箱梁基础上，借鉴上海S3、S7公路加强版小箱梁和G228宁海西店至桃源段中箱梁工程实践案例，本工程对中箱梁截面尺寸进行了相应加强，选用"一车道一片梁"、受力明确、不易产生裂缝的加强型小箱梁（简称中箱梁），克服了原小箱梁腹板薄、施工困难、运营期裂缝多等缺陷。

中箱梁截面结构优化方案为：30m中箱梁梁高采用1.85m（常规小箱梁梁高为1.6m），单梁宽度由2.4m增加到3.4m，支点处腹板板厚由25cm增加到32cm。通过截面加强，梁板片数和湿接缝减少，结构刚度和耐久性均有较大提高。结构尺寸加大后，降低了施工阶段的混凝土浇筑和脱模难度，极大地提高了箱梁的预制质量，裂缝情况得到了明显改善。施工快速、架梁稳定性好，同时桥下景观性更好，见图3.2-17、图3.2-18。

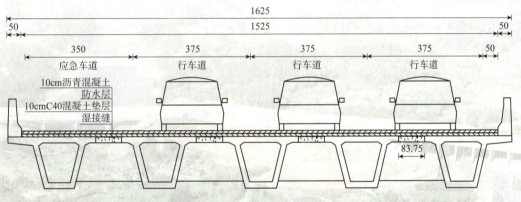

图3.2-17 中箱梁横断面示意（尺寸单位：cm）

图3.2-18 中箱梁桥下景观

主线高架桥上部结构20m、30m中箱梁，采用工厂化预制，安装完成后现浇纵向湿接缝，形成整体桥面，桥面通过调整湿接缝宽度达到变宽段要求。吊装采用履带式起重机或大型架桥机，施工速度快，对地面交通影响小，线型美观、协调，符合城市现代化的要求。

3.2.2.3 交通组织优化

在浙江省内率先对高速公路进行"分段全封闭"的交通组织优化，是义东指挥部更为大胆的突破。考虑复杂市域环境实际，结合既往经验并用BIM模拟施工全过程，克服重重困难并取得当地政府充分理解后，最终改初步设计的局部封闭（盖梁棚洞支护施工）为分段全封闭，为城区段安全推进奠定基石。

1）主线高架桥封闭式实施

项目初步设计阶段，主线高架桥采用局部封闭施工方案，盖梁采用棚洞法施工（图3.2-19）。由于主线高架桥上跨不同路幅宽度和交通流量的市政道路，指挥部在深入现场调研基础上，考虑到穿越城市主城区存在的施工和交通组织困难，组织设计单位、第三方咨询等单位，采用BIM技术模拟桥梁全过程施工（图3.2-20），发现施工高峰期若采用全面多点开花作业，项目安全、文明等难以保障，不确定性因素多。特别是在交通组织方面，局部封闭方案带给周边居民的体验感也较差。

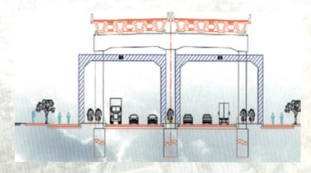
图3.2-19 盖梁棚洞法施工示意

图3.2-20 BIM技术模拟施工过程

结合城市交通流量特点，经BIM模拟全过程施工，认为采用分段全封闭方案可从设计上保证施工本质安全。经与东阳市政府及相关部门多轮沟通后，确定采用分段全封闭施工方案（图3.2-21），实现社会车辆和人员的安全通行。

2）地面道路恢复改造动态化设计

地面道路恢复改造以恢复原有道路功能为目的，施工过程对于城区段道路周边百姓日常生产、生活影响较大，为减少对周边居民的影响、减少原道路破坏、节省工程造价，对原设计方案进行动态调整，分路段封闭施工，完成改造后分段交验移交地方相关部门后恢复交通。

图 3.2-21 主线高架桥分段全封闭施工方案

3.2.3 严格招标

招标阶段，指挥部将人员设备管理、临建管理、品质创建、安全生产、智慧建设（物联网）等方面的管控要点写入招标文件，做好事前管理。

3.2.3.1 加强招标成本控制

建立项目招标文件内审和专家评审制，严控招标文件质量，确保人员设备要求、工程量清单、招标控制限价、质量安全生产要求等合理；编制招标限价时考虑合理利用隧道洞渣进行碎石和机制砂自加工，缓解砂石资源紧张，降低建设成本、提高工程质量、保护环境，一举三得。

3.2.3.2 严控临建建设方案

临时工程建设标准化，执行"一点一方案"专项图纸设计和实施。"两区三厂"如确因永久农田、生态红线等政策的影响不得不建设在红线范围以内，须事先征得建设单位同意；"两区三厂"临建方案须经监理人审查、建设单位审批，临建方案（专项设计达到施工图深度）必须先批复再实施，强化建设单位对临建设施的管控，详细见第 4.2.1 节。

3.2.3.3 明确质量安全管理要求

一是明确将创"钱江杯"优质工程写入招标文件，为项目品质工程建设打下基础。二是隧道工程需配备"九台套"施工设备和桥梁工程需配备机械化、自动化设备，纳入合同履约管理。三是提出智慧建设、物联网、视频监控等建设要求，进一步提高信息、数据管控效能，如要求路面承包人应当按照要求在沥青路面拌和、运输、摊铺、碾压等环节配备物联网智能质量监控和监测设备。四是要求引入安全管理和路面技术咨询服务，强化项目安全管理和路面技术全过程咨询，确保项目安全生产和路面施工稳步推进。

3.2.4 安全先行

紧紧围绕省级"平安工地"和部级"平安工程"创建要求，坚持问题导向、目标导向、结果导向，深度做好项目安全管理顶层设计与超前谋划，确定了"531"安全管理目标和"135"安全管理思路。

"531"安全管理目标包括：5 大过程目标，即安全管理网格化、现场防护标准化、风险管控科学化、隐患治理常态化、应急救援规范化；3 大结果目标，即实现"零亡人、少损失"目标、实现省级"平安工地"示范工程创建目标、力争实现交通运输部公路水运建设项目"平安工程"冠名创建目标；1 个综合目标，即打造城区高速公路施工安全管理标杆。

"135"安全管理思路包括：1 条主线，即围绕"目标牵引 OS3C 安全循环管理"（"O"即目标、"S"即谋划，"3C"即施工验证、检查、提升）主线；3 大举措，即全面推行安全顾问技术服务、全面推行智慧工地建设、全面推行 SCORE 项目管理与安全标准化融合应用；5 个到位，即安全责任到位、安全投入到位、安全培训到位、安全检查单位、应急救援到位。

第 4 章　管理创新

4.1 制度创新

现代工程管理制度创新是指对工程的建设方式、管理方式、分配方式、经营观念等进行规范化设计与安排的创新活动。制度创新是思维创新、技术创新和组织创新活动的制度化、规范化，同时又引导思维创新、技术创新和组织创新，它是管理创新的最高层次。

项目建设制度创新的目的是建立一种更优的制度，调整项目建设各参与单位的责任和利益关系，使项目管理具有更高的活动效率。义东项目结合行业现状，结合城区高速公路建设特点，重点进行了监理优监优酬、工程质量安全双首件管理、施工班组三方共管及合同履约风险防控等制度创新，同时根据高速公路项目建设内容和流程，编制或修订形成了36项制度，见表4.1-1。

制度清单　　　　　　　　　　　　　　　　表4.1-1

序号	制度名称
一	**工程管理**
1	项目前期工作管理办法（试行）
2	工程质量安全双首件管理办法（试行）
3	工程质量管理办法（2022年修订）
4	工程进度管理办法（2022年修订）
5	项目竣（交）工验收管理办法（2023年修订）
6	设计变更管理办法（2022年修订）
7	第三方服务单位作用发挥的具体举措
8	试验检测管理办法（2022年修订）
9	路面工程施工"防污染"管理实施细则（试行）
10	原材料及机械设备管理办法（2022年修订）
11	机制砂质量管控指导意见
12	重点工程立功竞赛实施方案
13	关于施工单位项目机构管理人员配备的指导意见
14	加强监理工作管理指导意见（试行）
二	**招标合同管理**
15	合同管理办法

续上表

序号	制度名称
16	计量支付管理办法（试行）及补充规定
17	工程分包管理实施细则（试行）
18	履约管理办法（试行）
19	招标（采购）管理办法（试行）
20	招投标监督管理办法（试行）
三	**法务风控管理**
21	全面风险管理办法（试行）
22	合规管理办法
四	**安全生产管理**
23	安全生产管理办法（2023年修订）
24	安全生产管理目标考核办法（2023年修订）
25	安全生产工作责任制（2023年修订）
26	公路工程建设项目安全生产费用使用及计量指导性意见
27	生产安全事故管理办法（2023年修订）
28	安全教育培训管理办法（2022年修订）
29	消防安全管理制度（2022年修订）
30	施工现场环境保护管理办法（2023年修订）
31	"三防"应急预案（2022年修订）
32	突发事件总体应急预案
33	安全生产积分管理实施细则
五	**科技信息管理**
34	数字化（网络安全）管理办法（2022年修订）
35	科技工作及科研项目管理办法（2022年修订）
36	节能减排工作管理办法（2022年修订）

4.1.1 监理优监优酬

为更好发挥监理单位在义东项目建设管理中的主动监督作用，义东项目创新性地制定和试行了《优监优酬实施细则（试行）》，主要工作机制为：

①指挥部和监理单位共同出资组成奖励基金，基金总额为监理服务费（施工阶段监理服务费＋缺陷责任期阶段监理服务费＋其他费用）的10%，双方各提供5%。

②优监优酬的考核评定由指挥部按季度组织实施（牵头部门为指挥部合同处）。考核分综合考核和日常工作考核。其中，综合考核主要包括指挥部组织的立功竞赛、监理

单位合同履约考核、监理单位信用评价3项,具体考核评分见表4.1-2。日常工作考核主要包括各级主管部门日常管理中发现工程质量、安全、合同履约等方面问题而下发的专项检查通报、整改通知书、督查意见书等。日常工作考核实行扣分制,总分100分,扣完为止。扣分标准见表4.1-3。对存在问题、未按时整改闭合的按2倍扣分执行。

综合考核评分表　　　　　　　　　　　　　　　　　　　　表4.1-2

考核内容	考核分	权值	评定得分
监理单位合同履约考核	A	50%	$A \times 50\%$
立功竞赛	B	40%	$B \times 40\%$
监理单位信用评价	C	10%	$C \times 10\%$
综合考核评分			$A \times 50\% + B \times 40\% + C \times 10\%$

日常工作考核扣分标准　　　　　　　　　　　　　　　　　表4.1-3

通报等级	扣分标准(次)		扣分
	监理办主责	项目部主责	
省级	30	15	a
集团级	20	10	b
市级和公司级	10	5	c
指挥部级 (不含重点监管告知书)	2	1	d
指挥部级重点监管告知书	5		e
日常工作考核评分	$100-a-b-c-d-e$		

③以综合考核和日常工作考核的总得分确定评定等级后计算奖励系数(0~0.9)进行兑现,见表4.1-4。涉及质量、安全、环保、综治维稳、廉洁从业、违法违纪、疫情防控等问题的,采用一票否决制,一经认定,考核评定等级直接定级为不合格。同时,对监理人员季度考核奖励、监理单位(以义东项目名义)获得省市级奖励或荣誉进行专项奖励。考核奖励和专项奖励的总金额不超过优监优酬基金总额。

综合评定等级　　　　　　　　　　　　　　　　　　　　　表4.1-4

考核评定等级	考核得分(λ)	考核奖励系数(r)
优秀	$\lambda \geq 180$	0.9
良好	$180 > \lambda \geq 160$	0.7
中等	$160 > \lambda \geq 140$	0.5
合格	$140 > \lambda \geq 120$	0.3
不合格	$\lambda < 120$	0

④专项奖励主要包括监理人员季度考核奖励、监理单位（以义东项目名义）获得省市级奖励或荣誉。其中，监理人员季度履约考核奖根据《浙江交投高速公路建设管理有限公司监理人员管理办法（试行）》季度考核结果兑现相应的奖励金额。监理单位（以义东项目名义）获得省市级奖励或荣誉（包括省、市级平安工地示范监理合同段、"钱江杯"优质工程奖创奖及指挥部认可的其他荣誉等），奖励金额为1万~20万元/（项·次）。

⑤每个季度首月上旬，由监理办对上季度的优监优酬考核进行自评，所有监理人员每季度提交个人工作小结、每半年提交履约履职报告，监理办将自评考核结果上报指挥部。指挥部合同处牵头各相关处室对上季度监理办优监优酬进行考核。指挥部根据考核结果确定考核奖励系数及专项奖励金额。

⑥每季度考核后，考核奖励和专项奖励在当期计量时兑现。其中，50%考核奖金奖励给监理人员个人，由监理办自行制定《监理员季度绩效考核办法》进行分配，将分配明细报指挥部备案同意后发放。

通过优监优酬奖励机制的开展，极大地鼓舞了监理人员的工作热情，提高了工作的积极主动性，并在监理办内部形成了良好的争先创优氛围，更好地发挥了监理作用，提高了工作成效，提升了服务意识。

4.1.2　施工班组三方共管

施工班组是建筑施工企业最基层的劳动组织。是建筑施工企业的"连队"，担负着建筑工程项目施工的各项生产工作，也是企业生产的基石。班组生产水平的高低直接影响着项目建设目标的实现。"企业千条线，班组一针穿"正是这样的道理。

建筑业属劳动密集型产业。需要大量的劳动力，许多农村劳动力首选进入建筑行业，成为农民工，以各种形式组成了一个个最基本的生产单元——施工项目班组，主要表现为半工半农、流动性强、人员杂、缺乏系统性专业培训等特点。

4.1.2.1　三方共管制度试点

针对施工班组现状，为建立健全施工班组精细化、标准化管理的长效机制，义东项目积极探索指挥部、监理办和项目部三方共管施工班组机制，承担了三方共管施工班组制度的试点。

4.1.2.2　工作思路和方法

1）梳理各方职责，落实责任到人

（1）职责分工

项目经理部直接负责管理，监理办采取审查、核查、核验等措施对施工班组进行监管，指挥部对施工班组的全过程管理进行指导、检查及监督。

（2）组织机构

成立以主持工作副指挥为组长的三方共管施工班组组织机构，指挥部工程、安全、合同与监理办、项目部等多部门协同工作，各司其职、齐抓共管。

（3）责任到人

项目部主要负责人亲自抓施工班组的考核评价；项目部技术负责人明确施工班组管理人员岗位职责、编制施工手册和作业指导书、落实施工班组工序检验等工作；总监负责分项工程监理细则的细化和现场监管的落实；指挥部相关职能处室负责人开展指导、检查、监督等工作。

2）明确目标要求，制定任务清单

（1）总体目标

建立完善指挥部、监理办、项目部三方共管施工班组管理机制，充分调动施工班组积极性，发挥班组工匠精神，形成一套可复制、可推广的制度体系和成功做法，进一步提升施工班组作业规范化、标准化、精细化管理水平，确保项目质量、安全等管理目标顺利实现。

（2）分项目标

在制定质量、安全、防疫、环保、维稳、廉政等分目标基础上，提出了培养目标（培育专业化施工班组和工匠精神，推动农民工向产业工人转变）和技术成果目标（激励引导施工班组"微创新"，通过"三微改"解决施工现场具体问题）。

（3）管理清单

针对性制定施工班组标准化管理实施计划、班组管理人员岗位职责（责任到人）、班组考核办法和分项工程施工班组标准化监理细则。根据项目作业内容，梳理、制定或深化各分项工程施工手册、工序作业指导书、工种操作规程等作业标准。

3）深化制度建设，实现精准管理

（1）施工班组准入制

对施工班组实行准入管理制度。初次申请入库需要对法人资格、市场准入资格（企业安全生产许可证、营业执照等）、纳税信用等级情况、施工资质（资格）、企业信誉、类似工程业绩、企业财务状况、企业人力和机械、设备状况等的真实性进行审查，同时通过专业信息库平台对是否列入经营异常名录、是否为失信被执行人，其法定代表人、股东、实际控制人在守法合规等方面是否存在瑕疵、是否列入法律风险警示，以及与其相关联公司在项目所在地区承接业务情况等进行核验，以上信息核查无误后方可入库，入库后获得参与工程项目资格。同时严禁列入黑名单库的施工班组进场作业。在施工班组进场时，由项目部组织对班组管理人员采取面试考核，挑选相对优秀的班组管理人员进场作业。此外，产业工人进场实行实名制登记、入场体检、安全体验、入场安全教育、考试培训、质量培训、劳保用品发放、产业园入住等一站式管理。

（2）班组和作业人员积分制

基于义东项目信息化系统的人员码应用场景，建立项目安全积分制管理制度。每个网格工点对应网格员、班组长和产业工人，班组积分100分，管理人员积分30分，产业工人积分12分。建立积分超市，对工人、班组实行积分制管理，人员通过扫描工点码进行打卡考勤，并通过微信小程序等进行安全知识学习、答题考试以及隐患举报、创新微改等方式获取积分。可在积分超市兑换相关物品作为奖励，提高施工作业人员安全意识、危险源识别能力，通过积分小程序上传隐患问题等途经参与安全管理。

（3）班组长责任制及工序三检制

班组长是班组施工质量安全的主要责任人，项目部对施工班组实行月度红黑榜考核，对于考核欠佳的班组长进行提醒谈话和差异化监管，对考核不合格或屡次出现质量、安全问题的施工班组予以清退。项目部严格落实"工序三检制"，即施工班组长"自检"、班组质量负责人"互检"以及项目部专职质检员"专检"，专检合格后报监理办检验，有效控制工序和实体质量。

（4）班组履约考核与评比制

项目部制定施工班组考核办法，对施工班组的工程进度、工程质量、安全生产、文明施工、环境保护和水土保持、履约管理、疫情防控（特定日期）等多个方面进行考核，考核以班组为单位。项目部技术负责人每周进行监督检查，项目部每月对施工班组进行考核评分，每季度进行考核评比。对考核优秀的班组和个人进行奖励，对考核结果差的班组和个人采取处罚或重点管控，直至问题得到整改；同时，对缺勤、违章作业等行为进行违约处罚。对连续三个月考核不合格的施工班组，由项目部进行清退处理；对发生重伤以上生产安全责任事故的，取消考核资格，同时按有关规定扣除安全费用，并列入黑名单。

4）强化现场管控，落实标准作业

（1）立规明矩

结合工程特点，项目部制定施工班组标准化管理实施计划，并明确施工班组管理人员岗位职责；同时，项目部与监理办协同，制定分项工程施工手册，编制施工工序作业指导书和工种操作规程，通过深化、细化施工手册，建立和明确施工班组的作业规范和标准。在实施过程中，以工点为管理单元，全面实行工点工厂化，提前谋划工点布局和功能划分，集成施工工点安全防护、标志标牌设置等安全标准化要求，打造"移动工厂"，实现场地规范化、施工标准化、管理程序化。

（2）学习先行

施工班组人员上岗前，由项目部组织岗前安全教育培训、安全技术交底，作业人员在培训完成并考试合格后方可上岗，考试不合格的予以清退处理。每个班组每天施工作业前，由班组长、技术员、安全员组织班前会，向一线作业人员告知当日施工内容及施工过程中存在的安全风险及应对措施，项目部、监理办、指挥部通过信息化系统对班前会的开展情况进行监督管理。

在施工过程管理中，项目部按照要求开展施工班组人员教育及交底工作，按照工序、工种划分，有效落实"三级教育"和"三级交底"工作，各类教育、交底内容做到"全覆盖、有重点、抓落实、明责任"。

项目部开展班组管理人员"OS3C"管理模型培训以及"应知应会、知责履责"安全知识考试，进一步提升班组管理人员安全知识水平，并塑造浓厚的学习氛围。

（3）预控式管理

实行质量安全"双首件"制进行预控式管理。将施工班组人员到位作为开展首件工程的前置条件，在首件工程中明确班组人员配置，具体的工艺标准、质量标准、安全标准、试验方法、工序流程及现场工点标准化等要求。通过首件工程的施工和总结，提炼先进做法，分析存在问题，提出整改措施，从而达到质量优良和消除安全隐患。

①全过程管控

施工工点落实班组长、安全员、技术员以及监理员现场全过程监管。现场监管人员结合施工方案、施工作业标准等核查现场执行情况及作业行为，对现场发现的违章行为、违反施工工序等不良行为进行制止纠正，并提出整改要求，督促施工班组及时整改。施工班组的工序检验实行班组自检、互检及项目部工序交接检，项目部检查合格后报监理办核验，监理办核验合格后方可进行下道工序施工，有效控制工序施工质量。同时，项目部每个月对班组作业情况进行考核评价，对优秀班组进行表扬及奖励，对考评末尾的班组进行通报，并对班组长等相关负责人进行谈话和教育。

②便捷检查与监管

依托项目信息化系统的便捷检查流程，全员参与现场质量安全监管，除工序按规定程序进行检验外，所有管理人员在现场发现班组作业的质量安全问题时，都可以利用便捷检查模块实时提交发现的问题，直达相关责任人进行问题处理和整改。在涉路施工和隧道夜间施工等安全管理的重点施工工点，实施项目部领导带班和现场网格员跟班作业，项目部质检负责人、技术负责人以及监理办专监、总监等每周定期开展巡视检查工作，随机抽检班组的施工作业情况。指挥部建立夜巡检查制度，每日对隧道等夜间施工工点的人员在岗、安全措施、作业标准等落实情况进行巡查。

③阳光公开

通过产业工人实名制管理，建立农民工工资专用账户，确保专款专用。项目部设置公示栏，将民工工资发放情况全部公开，劳资专管人员不定期到产业工人园抽查民工工资到位及工资流向情况。

项目部设置"安薪之家"和"安薪监督员"，确保民工工资按时发放。工人安全帽贴"安薪码"，以便民工随时与项目部相关人员对接。项目部不定时抽查班组签字情况，民工手持本人身份证、银行卡，由项目劳务管理人员现场监督工资单签字过程，保障民工工资有效发放。

5）数字赋能进一步强化行为管理

利用项目信息化管理系统，强化对现场人员的多维度管理。对产业工人实现精准教育、积分制管控，对班组管理人员加强在岗考勤和履职管理，建立人员的工作档案和信用评价机制，在信息化系统中实现对技术员、安全员、现场监理等现场监管人员的履职行为的智慧化管控，通过对人员的多维度管理，提升人员履约履职水平。同时，利用义东项目信息化系统，实现全员参与质量安全监管。

6）加强专业化队伍培育和技术成果创建

依托产业工人实训中心，从党建、安全、质量等全方位开展教育培训。针对产业工人组织设立工人职业学校，努力实现工人素质、技能的双提升，着力推动农民工向产业工人的转型。同时，倡导班组进行"小微改"，引导和鼓励作业人员开展微创新，从而实现专业化施工队伍的培育和技术成果创建。

义东项目通过三方共管施工班组的试点运行，真正实现了指挥部对建设项目"一竿子插到底"的有效管理，推动了施工班组的精细化、标准化和专业化。义东项目总结施工班组三方共管的试点成果，编制形成了《高速公路工程三方共管施工组班标准化管理指引》，为交通工程的施工班组建设管理提供了有益借鉴。

4.1.3 工程质量安全双首件管理

质量与安全是工程建设的底线。质量与安全既相辅相成又相互统一，质量是安全的重要保障，安全是质量的基本体现。在加快推动高速公路建设高质量发展的过程中，必须以质量求生存，以安全求发展。

义东高速公路作为浙江高速公路平安百年品质工程"新样板"、"数字浙江"和城区高速公路建设示范工程。面对复杂城区环境，义东建设者拿出了"看家本领"，下足了"绣花功夫"，全力保障项目质量与安全。在"实施有标准、操作有程序、过程有控制、结果有考核"的质量安全管理体系基础上，创新提出了"工程质量安全双首件管理制度",即质量安全工程首件制和班组首件(以班组为单位实施首件工程准入)制,并将第三方咨询服务单位(包括第三方中心试验室、专项检测单位、安全第三方服务单位等)纳入首件工程认可制体系中,通过明确施工单位、监理单位、设计单位驻地代表、第三方咨询服务单位等参建各方首件全过程质量安全职责,规范分项工程标准化施工,及时预防和纠正质量安全隐患。

4.1.3.1 首件清单

施工单位根据分部分项工程划分编制首件工程项目清单,见表4.1-5。对"四新"技术、施工重难点、危险性较大或分项带"▲"的首件工程,由指挥部根据实际情况确定是否通知设计代表或第三方服务单位参加。同时,针对工程规模较大、项目投入施工班组较多和班组施工水平参差不齐现状,创新实行施工班组的首件工程认可制,把好工程质量安全的人员关。

首件工程项目清单 表4.1-5

单位工程	具体项目
路基工程	软基处理▲,不同填料、分区的路基填筑,台背回填▲,各种结构形式的通道、涵洞,路堑高边坡开挖▲
路面工程▲	底基层、基层,沥青上、中、下面层,水泥混凝土路面
桥梁工程▲	下部构造:桩基,墩柱,墩台身(帽),盖梁
	上部构造:梁体预制及安装(分正交、斜交),现浇箱梁,钢箱梁的拼装与架设,垫石、支座安装
	桥面系:桥面铺装,伸缩缝,护栏
隧道工程	明洞洞口开挖,明洞衬砌,洞身开挖▲,初期支护▲,二次衬砌▲,仰拱与基础,路面▲,电缆槽
防护工程	挡墙▲,截水沟,边沟,排水沟,锥坡▲,土工格栅植草防护,生态植被防护,混凝土框格▲,锚杆(锚索)结构防护边坡▲
交安工程	防撞护栏▲,标志,标线,隔离栅
房建工程	基础工程,主体工程▲,混凝土预制与安装,装饰安装
机电工程	电缆埋设,设备安装▲,各类综合管线
环保工程	声屏障,中央分隔带绿化
四新技术▲	新技术、新产品、新工艺、新设备

4.1.3.2 首件工程实施

首件工程严格执行方案编制和审批制。对施工单位的首件工程计划、方案编制、施工准备、报批时间和监理单位的安全条件核查、审查时限及指挥部的审核时限都作出了明确的规定。要求首件工程严格按审批方案组织实施,若遇特殊情况,须向监理重新报批。首件工程流程见图4.1-1。

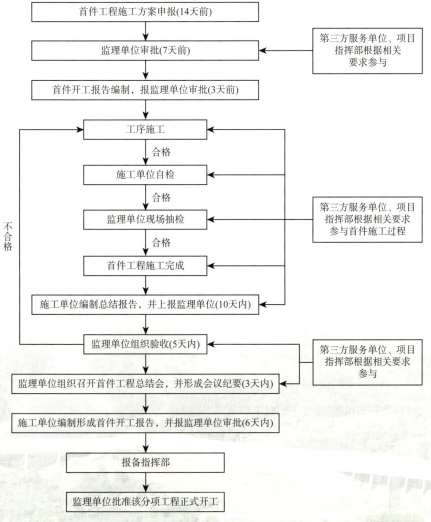

图 4.1-1 首件工程流程图

4.1.3.3 首件总结

对首件工程的验收（包括参与单位）、总结报告编写、审批流程和时限进行了明确。对采用"四新"技术、施工重难点、危险性较大或分项带"▲"的首件工程总结报告，需同步报指挥部审查。同时要求监理单位组织召开首件工程总结会议并形成会议纪要（首件工程总结报告审查通过后），并组织召开技术安全二次交底会。

4.1.3.4 实施成效

工程质量安全双首件制度是对传统工程首件制的优化和提升，通过将设计单位、第三方中心试验室、专项检测单位、安全第三方服务单位等纳入质量安全管控体系，不仅强化了第三方咨询服务单位的作用发挥，助推了义东项目的高质量建设，同时提升了项目的建设管理水平。

4.2 精细化管理

"天下大事,必作于细"。精细化管理是打造品质工程的关键环节,更是打造"城区高速公路示范样板工程"的核心。义东建设者深谋的脚步从未停驻,针对以往工程出现的质量和安全问题,集思广益,从施工准备阶段的大临建设开始,在工程管理、质量、安全、文明施工和智慧赋能等方面实施精细化管理,一次次地进行了"系统拦截"和"源头遏制"。

4.2.1 BIM(建筑信息模型)技术的集成应用

相对于建筑业,公路交通行业BIM技术应用起步较晚。随着在港珠澳大桥、温州乐清湾大桥等工程的应用,BIM技术带来的创新管理优势和发展潜力逐渐凸显。

义东项目积极践行数字化转型及数字建造理念,在积极推动BIM相关成果应用的同时,重视BIM技术与交通工程建设的深度融合,在调研分析BIM技术应用现状基础上,调集整合指挥部、监理单位、施工单位等参建单位的BIM技术人才资源,组建了BIM技术团队(图4.2-1),重点开展了BIM技术的融合集成化应用和数字平台研发,取得了参数化族库、桥隧自动化建模、路基精细化建模等系列BIM创新成果,并在临建、可视化审图、三维碰撞检测、工程量统计复核、施工工艺模拟、交通组织模拟、可视化安全技术交底七大场景进行了成功应用。同时,通过研发BIM+GIS(地理信息模型)协同系统,开展了BIM与GIS的集成深化应用,实现了全线可视化工程宏观进度控制管理和预制场精细化管理,推动了BIM在施工阶段的落地应用及技术水平的提高,取得了显著的经济、社会及管理效益,获得了广泛认可。

4.2.1.1 应用现状调研

近年来,随着国家对BIM应用的支持,BIM技术在房建、交通、铁路、水利、机电等专业领域得到了广泛应用。如在设计领域,主要用于方案设计和科学决策(造型、体量、空间分析、能耗和建造成本分析等)、扩初设计(建筑、结构、机电各专业进行能耗、结构、声学、热工、日照等分析及各种干涉和规范检查)、施工图和设计协同;在施工领域,主要用于碰撞检查、模拟施工(有效协同)和三维渲染(宣传展示、投标演示)等。但在工程实践中,BIM以专项应用为主,在深度、广度、融合及有效应用上较欠缺,总体上仍属于推广和尝试阶段。特别是针对城区高速公路工程,除空间上呈带状分布、点多线长面广、桥隧占比高特点外,地理场景复杂,工程种类多、深度大,BIM建模工作难度大,面临的问题和困难主要集中在以下方面。

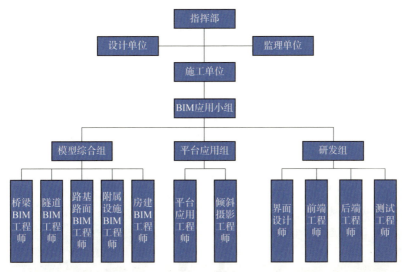

图 4.2-1　BIM 团队组织架构

一是施工阶段的 BIM 应用软件相对匮乏。目前,市场上的 BIM 软件很多,但大多用于设计和招投标阶段,且大多数 BIM 软件以满足单项应用为主,集成度高的 BIM 应用系统较少,与项目管理系统的集成应用更是匮乏。此外,因软件存在市场竞争和技术壁垒,软件之间的数据集成和数据交互困难,施工阶段 BIM 应用工作量大、工效低。

二是 BIM 数据标准欠缺。随着 BIM 技术的推广应用,数据孤岛和数据交换难的现象普遍存在。作为国际标准的 IFC 数据标准在国内的应用和推广不理想,且国内对国外标准的研究也较薄弱,结合我国交通工程实际对标准进行拓展的工作更是缺乏。在实际应用过程中,更需要细致的专业领域应用标准。

三是 BIM 集成化、协同化应用少,特别是与项目管理系统结合的应用(同模型、共数据和专业之间有效协同)更少。一个完善的信息模型能够连接建设项目生命周期不同阶段的数据、过程和资源,为建设项目参与各方提供一个集成管理与协同工作的环境。虽然目前从 BIM 工具到系统开发,仿真技术、虚拟仿真等新技术新方法得到了广泛应用,但数据模型的融合全面应用仍面临重大挑战。

四是 BIM 复合型人才相当匮乏。BIM 技术人员不仅应掌握 BIM 工具和理念,还应具有相应的工程专业或实践背景;不仅需掌握基本 BIM 软件,更重要的是能够结合工程的实际需求制订 BIM 应用规划和方案,但复合型 BIM 人才相当匮乏。

4.2.1.2　应用策划

义东项目在研究并借鉴国内外优秀的 BIM 系统管理和技术标准基础上,结合项

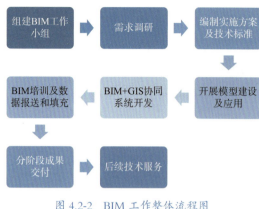

图 4.2-2　BIM 工作整体流程图

目实际，以实用性及可执行性为基本原则，围绕 BIM 模型深化应用、辅助设计优化和数字平台研发应用进行 BIM 技术的应用策划，注重建模及平台应用规范化和标准化，通过编制 BIM 管理大纲、BIM 技术应用标准和 BIM 总体实施方案，明确 BIM 具体实施内容，规范 BIM 模型标准和应用标准。BIM 工作整体流程见图 4.2-2。

4.2.1.3　BIM 信息化应用

1）参数化族库建立

为提高族的利用率，减少建模工作量，提高工作效率，建立参数化族库，见图 4.2-3。

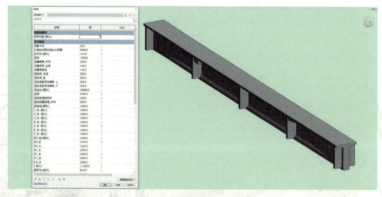

图 4.2-3　参数化族

2）Dynamo 参数化自动建模

编写 Dynamo 建模程序，结合参数化族库，实现路桥隧自动建模，技术人员只需整理好相关表格数据就能一键生成模型。传统手工建模 1 周的工作量，采用程序 2~3h 即可完成，大大缩减建模时间的同时，保证了建模精度和成果质量，见图 4.2-4~图 4.2-6。

3）三维地理信息建设

（1）数字正射影像（Digital Orthophoto Map，DOM）建设

根据工程特点，通过卫星遥感技术采集沿线 10.7km 长、400m 幅宽、精度优于 0.5cm 的数字正射影像。

（2）数字高程模型（Digital Elevation Model，DEM）建设

根据勘测数据、1∶2000 地形图，加工生成 40km^2 范围内数字高程模型，局部重点区域可达到 1∶1000 的精度。

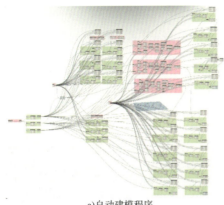

a)自动建模程序　　　　　　　　　b)桥梁、互通模型

图 4.2-4　桥梁自动建模

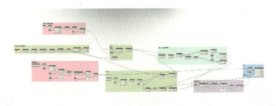
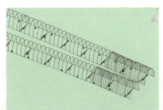

a)自动建模程序　　　　　　　　　b)隧道排水系统三维模型(局部)

图 4.2-5　隧道自动建模

a)自动建模程序　　　　　　　　　b)路基边坡模型

图 4.2-6　路基自动建模

（3）三维倾斜摄影技术应用

探索利用三维倾斜摄影技术对全线进行航拍（多角度观察地物，更加真实反映地物的实际情况），再通过软件对倾斜摄影的图像进行处理，合成高精度实景模型、三维地理空间模型，可以丈量测定红线范围、展示总体施工范围、记录施工原地面和周边地物，同BIM平台相结合进行深度BIM+GIS管理，见图4.2-7。

图 4.2-7　三维倾斜摄影航拍示例

4）BIM 模型创建

按新建高速公路工程及 BIM 应用需求，分别进行了五类模型创建，包括土建模型（道路、桥梁和隧道模型）、附属设施（标志标线、桥面铺装、排水系统、伸缩装置、安全设施等）模型、临建（预制场、钢筋加工场、小型构件预制场等）模型和其他模型（钢筋模型、辅助模拟模型），见图 4.2-8。

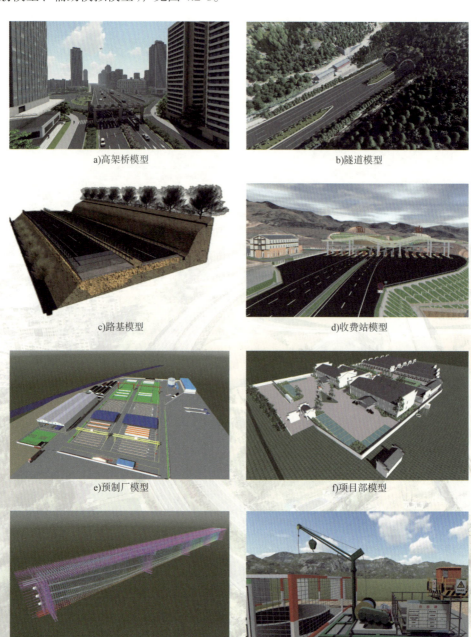

a)高架桥模型　　　　　　　　　　b)隧道模型

c)路基模型　　　　　　　　　　d)收费站模型

e)预制厂模型　　　　　　　　　　f)项目部模型

g)钢筋模型　　　　　　　　　　h)施工工艺模拟模型

图 4.2-8　模型创建

5)临建设施 BIM 应用

(1)预制厂 BIM 应用

传统预制场建设方案通过绘制图纸进行场地布置,建设方案和场地布局合理性不能直观呈现,特别是三维空间布局上的问题往往不能被及时发现,待实施过程中发现后进行整改,费时费力费钱。

而利用 BIM 技术进行三维场地布设,不仅能够直观地展现建设方案、及时发现预制工艺在空间上的合理衔接问题,而且可利用三维模型直接修改进行方案优化。特别是针对预制场中的道路、雨污水排水沟和机电系统布局的细节设计,可充分利用 BIM 模型的三维可视化优势进行场地布置优化、深化设计,实现科学合理的场地布置,见图 4.2-9~图 4.2-13。

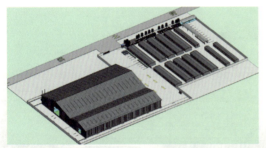
东阳西互通钢筋加工厂总体三维模型

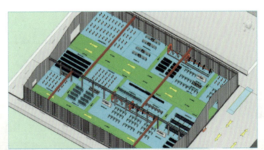
东阳西互通钢筋加工厂机械设备布置

东阳西互通钢筋加工厂现场实景

图 4.2-9 预制场总体 BIM 三维模型至实景布置

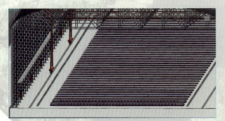 

图 4.2-10 预制场钢筋棚内部模型至实景布置

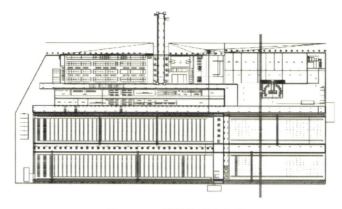

图 4.2-11　预制场道路布置

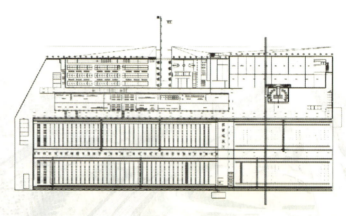

图 4.2-12　预制场排水沟布置

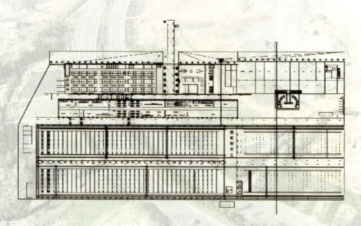

图 4.2-13　预制场机电系统布置

（2）工点工厂化建设

传统工点工厂化建设，通过绘制 CAD 图进行场地布置，建设方案和场地布局合理性不能直观呈现，特别是受施工现场环境影响，很难实现标准化的工点工厂化建设。

运用BIM技术进行工点工厂化建设,能够将三维模型和现场周围环境结合,充分考虑现场环境对工点工厂化布置的影响,使布置更合理。同时,采用BIM技术建立围挡封闭模型,结合施工模型以及倾斜摄影模型来布置施工围挡,能够充分考虑到施工作业区域及周围房屋环境对围挡设置的影响,从而实现工点建设的标准化,见图4.2-14。

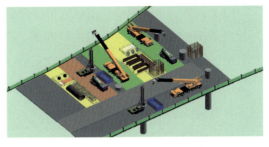

图 4.2-14 工点工厂化 BIM 技术应用

6)可视化审图

运用BIM技术,在三维建模的过程中对设计施工图纸进行三维可视化图审,能够发现传统审图难以发现的坐标、高程和空间碰撞等"错、漏、碰、缺"问题,优化工程设计,见图4.2-15。

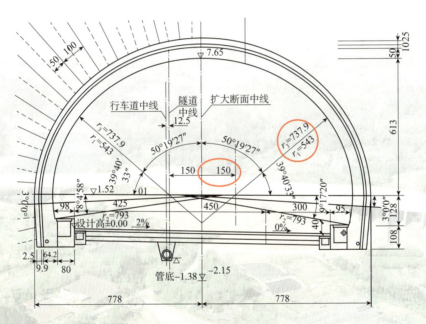

图 4.2-15 可视化隧道审图实例(尺寸单位:mm。高程单位:m)

7）三维碰撞检测

（1）高架桥下部结构与市政管道碰撞检测

高架桥沿既有城区主干道展开布线，市政道路下分布有电缆、光缆、路灯线、天然气管道、雨污水管道等各类管线，项目施工涉及管线迁改问题。传统方法是将地下管线位置图与施工平面图进行相对位置的比较，很难把管线影响范围、影响程度和拆迁工作量客观真实地呈现出来，影响迁改决策，进而会影响工程进度、造价、周围居民的生活乃至城市的正常运转。

而通过创建地下管线三维模型，将管线模型与施工模型组合，进行结构主体工程与既有地下管线的碰撞检测，既能比较主体工程与管线的平面和空间位置关系，又能够为结构主体避让管线或管线迁改为结构腾出空间的科学决策提供依据，可以最大程度地降低迁改成本和保障施工的顺利进行，见图4.2-16。

 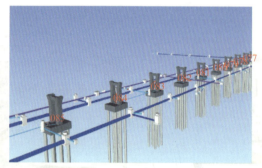

图 4.2-16　地下管线碰撞示例

（2）复杂结构内部碰撞检测

利用BIM技术对结构内部钢筋或预埋件进行碰撞检测，具有无可替代的优越性。通过对结构复杂的节点模型进行零件精细化，可实现预应力波纹管、钢筋、预埋件等零构件间的碰撞检测，如预制中箱梁、预制T梁、变截面箱梁、门形墩等的钢筋碰撞检查，隧道洞室与钢结构的碰撞检查等，见图4.2-17、图4.2-18。据统计，对全线重难点工程、复杂节点、预制构件等进行钢筋、预埋件碰撞检测，共计发现各类碰撞80000余处。对碰撞处钢筋进行深化设计，依据深化后钢筋尺寸进行下料，减少了钢筋损耗。

8）工程量统计复核

传统工程量采用人工计算复核，工作量大、难度大且易出错。利用BIM技术，可根据模型直接导出理论工程量，与图纸工程量、实际工程量进行对比。如梁场预制梁板，模型导出工程量与实际使用混凝土工程量相差不超过 $0.2m^3$，相差不超过1%，利用导出工程量进行下料及控制材料损耗，可有效节约成本。

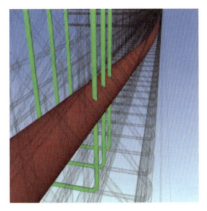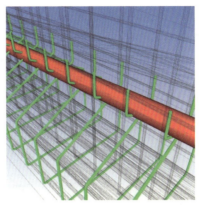

图 4.2-17　预应力 T 梁内部钢筋碰撞示例

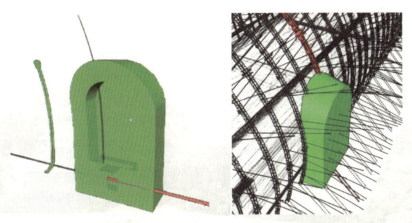

图 4.2-18　洞室与拱架以及预埋管线碰撞示例

9）施工工艺模拟

对项目中的重要节点或关键工程施工进行三维动画施工工艺模拟，可以确定方案的实施可行性。如项目起点的湖田枢纽匝道桥上跨甬金高速公路，施工难度大，安全风险大，通过 BIM 施工模拟检验施工方案的可实施性；东阳高架 3 号桥第 5 联上跨金华轨道交通金义东线，为不影响地下轻轨的施工，对施工方案进行施工模拟，确保地面桥梁施工过程不对地下轻轨的施工造成影响。

此外，采用施工工艺模拟进行技术安全交底，有助于现场施工人员对施工工艺流程的理解，可以规范施工人员的现场操作，大大提高工程质量，减少安全、返工和整改的问题，见图 4.2-19、图 4.2-20。

图 4.2-19　跨高速公路钢梁吊装施工工艺模拟

图 4.2-20 预制梁板安装施工工艺模拟

10）交通组织模拟

义东项目特点之一是交通组织导改规模大、组织难度大。若采用传统交通组织规划，因现场施工环境复杂、影响因素多，交通组织实施过程中易出现交通堵塞和交通安全等。而利用 BIM 技术进行可视化交通导行方案模拟，可以充分考虑各种因素对交通组织的影响，分析车流量，合理地进行交通组织规划，对方案进行可视化判断，保证交通组织方案的可行性，最大限度降低对原有交通通行的影响，见图 4.2-21。

设置交通疏导措施
交通组织模拟　　　　　　　　　　　　　　现场交通组织疏导

图 4.2-21 交通组织模拟

11）可视化安全专项技术交底

运用 BIM 技术创建可视化安全专项技术交底动画视频，利用三维模型进行 3D 模拟施工操作，可以为施工人员直接地展示施工过程，将不同施工阶段中可能存在的安全问题和应对措施模拟展示出来，不仅易于接受理解，而且可以引起施工人员对安全隐患点的高度重视，如安全逃生模拟、安全疏散模拟、安全救助模拟等应急情况模拟，不仅安全交底效果好，而且可以提高施工人员的应急处置能力，见图 4.2-22。

第 4 章　管理创新

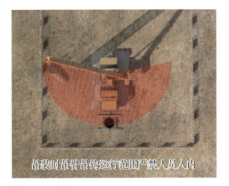

图 4.2-22　可视化安全交底

4.2.1.4　基于 GIS+BIM 协同系统的深化应用

针对现代交通工程项目管理中的统筹管理难度大（线性工程、点多面广）、数据共享困难（各部门数据信息量大）、信息孤岛问题（施工数据信息种类多）三大难点问题，义东项目给出了较好的解决方案，即通过研发 BIM+GIS 协同系统，实现 BIM 与 GIS 的集成应用，开发了 BIM+GIS 项目管理平台，实现全线可视化工程宏观进度控制管理和精细化管理，见图 4.2-23。

图 4.2-23　BIM+GIS 项目管理平台

1）进度管理、质量管理

通过模型与施工日志中的进度数据的绑定，在三维场景中模拟工程的形象进度，包括重要节点工期简单分析及提醒（包括横道图功能）、已完工程与未完工程的分色块展示。按照施工计划、实际完成情况，实时展示工程的计划、实际施工进度。将模型细化到每月、每周计划的施工工序内容及相应的计划工程量，并根据现场实际进展情况进行反馈和更新，动态展示总体进度计划。

57

将工程质检资料等与相应的模型构件挂接,与施工进度结合,能简洁直观地展示工程已检和未检状态、质检结果及问题整改与否等信息,实现工程质量的全局管控,见图4.2-24。

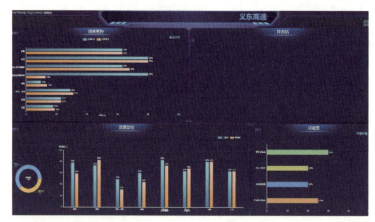

图4.2-24 进度质量管控看板

2)安全管理

将工程中安全风险因素等相关信息与模型挂接并标注,形成安全风险评估电子信息沙盘,可随时查看并获取安全风险信息、安全问题整改情况,及时开展风险巡查,规避施工过程风险,实现安全风险动态管控,见图4.2-25。

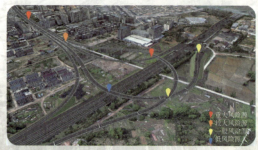 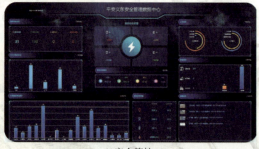

a)安全风险评估电子沙盘　　　　　　　　b)安全管控

图4.2-25 BIM+GIS项目管理平台——安全管理

图4.2-26 BIM+GIS项目管理平台——设备管理

3)设备管理

通过在机械设备和人员安全帽安装定位传感器,可以实时掌握机械设备和人员的位置及设备的工作状态,结合视频监控,能全局掌控各个施工点的施工情况,见图4.2-26。

4)征迁管理

采用倾斜摄影模型结合BIM模型,对

影响施工的建筑、植物、管线等进行可视化管理。结合模型进度,对需要急迫进行迁改的建筑、植物、管线等做到一目了然,对迁改状态及迁改中遇到的问题等进行统计管理,做到征迁工作可视化管理,见图 4.2-27。

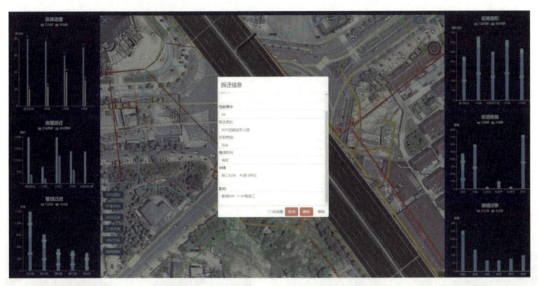

图 4.2-27　BIM+GIS 项目管理平台——征迁管理

5) 材料管理

将材料类别、累计进场数量、累计消耗数量、累计金额以及周期库存量等,真实、完整、安全地保存在系统中,确保数据准确、及时,并自动生成材料报表,方便随时调取查看,见图 4.2-28。

a) 材料进消存　　　　　　　　　　　　b) 材料类别

图 4.2-28　BIM+GIS 项目管理平台——材料管理

6) 人员管理

对农民工进行实名制管理,录入人员信息,包括姓名、性别、身份证号、户口所在地、电话、所属作业队伍、工种及资质等。通过人脸识别或刷卡考勤,记录每一个农民工的工作时长、天数等信息,为作业队、工区等建立完整的用工档案,见图 4.2-29。

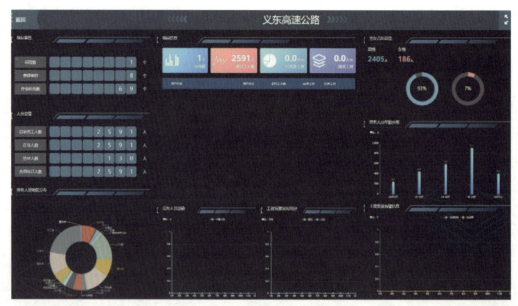

图 4.2-29　BIM+GIS 项目管理平台——人员统计看板

7）合同计量

实现线上计量管理，上报、计量、审核、审批等过程全部线上完成，系统记录计量过程全部信息。一旦发现问题，可以进行反差反溯。实现资料与计量支付系统互通，只有资料齐全的情况下才可以进行交工验收，验收后才能进行计量与支付，保证所有资料都是真实数据。

8）智慧梁场

集成智能张拉系统、智能压浆系统、试验室试验系统、拌和站监控系统，实时监控张拉压浆质量、试验结果等，起到监管质量以及数据集成的作用。

9）手机 App

开发手机 App，实现移动设备端的数据填报等功能，现场管理人员在现场随时就能完成数据的填报，避免回到项目部在电脑上填报，保证了数据的时效性和准确性，见图 4.2-30。

a）安全管理平台　　　b）数据填报

图 4.2-30　BIM+GIS 项目管理平台——手机 App

4.2.1.5　智慧梁场管理平台

义东项目在现有信息化管理平台基础上研发了基于 BIM 的智慧梁场管理系统，通过机器学习等先进计算机技术研究开发基于现实数据的动态生产计划编制体系，建立了梁场生产信息管理体系、方法，提升了梁场信息化管理水平及生产效率。其系统框架见图 4.2-31。

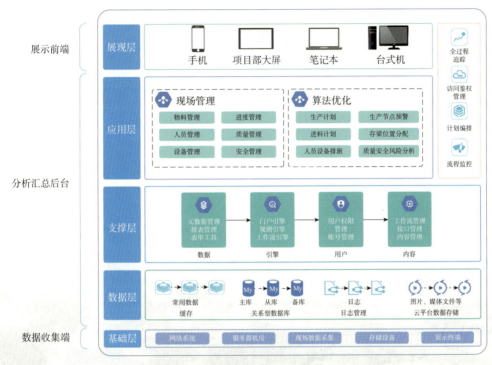

图 4.2-31　智慧梁场管理平台系统框架

智慧梁场管理平台利用智能化技术，具有智能排产、智能存梁、智慧物联等功能，结合自主研发优化算法，辅助梁场进行现场生产排产及进度、质量、安全等多维度智能管理，实现预制构件标准化生产，见图 4.2-32。

图 4.2-32　智慧梁场管理平台功能

现场应用展示见图 4.2-33、图 4.2-34。

图 4.2-33　智慧梁场管理平台现场展示大屏

图 4.2-34　现场工作人员使用智慧梁场管理平台

4.2.2　大临设施

4.2.2.1　一点一方案专项设计

结合城区高速公路建设特点，秉承"临时工程标准化设计、永久工程标准化施工"理念，在义东指挥部主导下，参建各方对大临建设的总体方案和具体细节高度重视，从集约节约、生态环保、质量安全、流水作业等方面进行全方位考虑，委托设计院进行"一点一方案"的专项施工图设计，并运用 BIM 技术对厂区生产全过程进行模拟，达到布局合理，力除隐患。

在招标阶段，指挥部就对大临设施进行了筹划。在招标文件中明确提出项目大临设施必须编制专项方案，方案需经监理办、业主审批后实施；在实施过程中，监理办和业主要加强过程跟踪，事后进行验收。

项目重点打造了以湖田拌和站、东阳西钢筋加工厂和白云互通西岘智慧化梁板预制厂为主的标准化"六集中"场站，总体原则是不求"高、大、上"，但求"实、细、专"，见图 4.2-35。

图 4.2-35　临时工程标准化设计施工示意图

1）驻地建设标准化

按照《浙江省高速公路施工标准化管理实施细则》和浙江省交通运输厅标准化建设相关文件要求，坚持勤俭原则，根据实际情况，合理选址，采用新建或租赁的形式，因地制宜统一驻地总体布局和区块设置，量化办公和住宿面积及装修标准，并按集团公司相关要求配备办公设备，量入为出，体现资源节约、节能环保建设理念。驻地建设着重突出环境人文化，驻地统一采用独立式庭院布局，"五讲文化""家文化""廉洁文化"上墙，项目建设标语及企业形象标志上墙。

产业工人园实行物业式管理，实现拎包入住，见图4.2-36～图4.2-38。

图4.2-36 园区建设

图4.2-37 标准宿舍

图4.2-38 标准洗衣房

2）便道便桥标准化

施工便道、便桥的建设以满足项目实际施工需要、"永临结合"为原则，尽量结合地方道路规划进行专项设计，完工后尽量留给地方使用。充分利用既有道路和桥梁。对于城区高速公路，要做好当地百姓保通道路的修建，做好必要的硬化处理和日常维护，及时洒水降尘，减少城市环境污染。

3）"六集中"场站建设

"六集中"场站，集梁板预制区、拌和楼、碎石加工厂、钢筋加工厂、一站式质安教育培训基地、产业工人园于一体，通过BIM模拟进行合理布局，见图4.2-39。

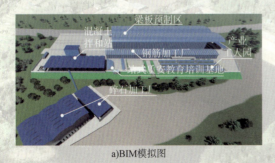
a) BIM模拟图

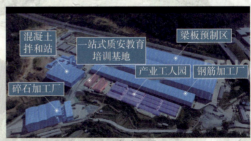
b) 现场布置图

图4.2-39 "六集中"场站规划示意图

场站大棚包封，保证生产风雨无阻，告别风吹日晒，集工厂化、机械化、智能化、信息化、全天候一体化于一身，实现从"野外露天现场"到"全封闭式工厂"的转变。

雨水和污水"各行其道"，真正实现雨污分离见图4.2-40。采用隐藏式地锚（图4.2-41），并置于地下，成为"人碰不到的地锚"。有差别硬化、"人字坡排水"等让整个预制厂如一马平川，彻底规避了工人踏空摔倒等作业风险，见图4.2-42。

图4.2-40　雨污分离示意图　　　图4.2-41　隐藏式地锚　　　图4.2-42　人字坡排水

利用BIM仿真技术开展梁板预制厂建设方案策划，邀请专家和梁板预制现场施工负责人参加梁板预制厂建设方案论证，确保梁板预制厂在运营阶段安全、有序和高效。

4）混凝土拌和（无人上料）流水线设计

机制砂已得到普遍应用，但以"皮带传输无人上料"代替铲车运输，让义东项目的安全文明更上一层楼。锚定品质，义东项目原材料控制的匠心还有很多，如双料仓确保先检后用、顶板加高防串料等。

混凝土拌和厂采用全封闭式输送带、下沉式上料系统，通过设置皮带自动传输上料系统确保上料准确（杜绝串料），减少场地内短驳车辆行驶和装载机上料，降低场内车辆伤害、机械伤害风险，控制扬尘，见图4.2-43～图4.2-45。

图4.2-43　下沉式上料系统　　　图4.2-44　无人上料料斗　　　图4.2-45　皮带输送

5）环保型沥青拌和站建设

沥青拌和站设备配置全封闭式烟尘处理系统，主要包括冷配料系统的全封闭措施及自动感应抽风系统、全生产环节的智能多级沥青烟气处理系统，使整个生产环节无粉尘烟气污染；生产过程采用高等级保温，降低生产过程热损耗；楼体采用内包封和检修通道外置的整体设计，并添消音装置，为设备提供双重降噪处理；各功能模块分别进行环保包封，并在内部设置多处除尘、降噪及烟气处理点。通过多级处理，最终实现各项排放指标达到相关环保要求，对周边环境无污染，全方位落实环保措施。

①油改气。沥青加温和集料烘干采用天然气，导热油锅炉配备低氮燃烧器，场站内

设置液化天然气气化站,强制淘汰重油加温落后工艺,赋能绿色施工。

②水幕降尘。路面场站内易产生扬尘的部位安装雾化喷淋系统,利用喷雾水吸附扬尘颗粒,实现降尘功能。

③称重式投料机。采用称重式纤维投放设备,精准控制纤维投放数量。

④移动装料平台。运输车通过移动平台分层均匀装料,减少装料环节的混合料离析。

6) 工点工厂化

施工准备阶段的谋划亦体现在对既往项目桩基、立柱、盖梁各分项施工方案及模板、设备、临电等安全质量管理缺陷的系统梳理和源头规避。

结合项目特点科学布局,在基础和下部等施工现场,全面实施"工点工厂化",打造"移动工厂",实现场地规范化、施工标准化、管理程序化。为确保工艺高效衔接,利用BIM技术模拟施工现场和工前技术交底(图4.2-46),实现合理划分作业区块,展示现场划分作业区块以及机械设备、运输车辆停放、使用位置,以指导现场实际作业施工,并设置警示标志。施工完毕后对作业区域进行清理,采用安全围栏封闭维护。

 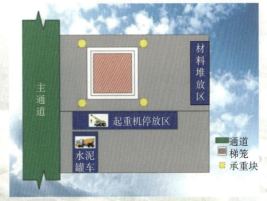

图 4.2-46 BIM 模拟

桩基施工现场旋挖钻机、护筒、渣土箱等机械设备摆放有序,钻渣即挖即运,确保"工完场清",最终形成常态化管控效果,见图4.2-47、图4.2-48。

图 4.2-47 桩基工点　　　　　　　　图 4.2-48 工完场清

7）隧道洞口施工场地建设

西甑山特长隧道施工场地布置时，充分利用洞口的开阔地形因地制宜地进行区域划分、功能定位、场地布设和材料堆放，设人行、车行独立通道，做到布局合理，规范有序，各区域隔离分区。根据场地条件，在施工现场设置隧道施工安全九条规定、五牌一图、班组信息牌、告知牌、班组讲台、班组宣传栏、安全文化展板；在隧道洞口设置值班室，专人负责洞口门禁系统和人员进出登记，见图4.2-49。

a)出洞口场地布置

b)进洞口场地布置

c)道路硬化

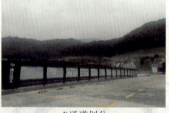
d)通道划分

e)班组讲台

f)五牌一图及文化展板

g)洞口门禁系统

h)办公区

i)洞口通风系统设置

j)洞口告示牌

k)个人物品存放柜

图4.2-49 洞口施工场地标准化布置

4.2.2.2 智能钢筋加工厂

1）智能数控设备配置

项目钢筋加工厂采用全封闭式，配置标准化数控加工设备，包括数控钢筋笼滚焊机、棒材切割生产线、数控钢筋弯曲中心、车丝打磨一体机等自动化数控设备；钢筋骨架加工采用整体胎架、卡具等，推广应用焊接机器人等先进设备，钢筋加工实现流水线作业，提高质量，节约人工，提升本质安全水平。钢筋半成品采用"超市化存放、配送化运输"，见图4.2-50。

a) 全自动滚焊机

b) 加强圈自动化生产设备

图4.2-50 智能钢筋加工厂标准化布置

2）钢筋笼滚焊机主筋定位穿心管改良

桥梁桩基钢筋笼采用滚焊机自动滚动焊接加工，具有精度高、质量好和工效高的优点，工艺也较成熟。但常规钢筋笼滚焊机进行钢筋笼主筋定位时，采用可调节穿心管进行间距调整，因钢筋笼类型多、主筋多，人工手动调整速度较慢，且穿心管盘架受主筋多次穿梭和滚焊机滚动影响，穿心管会松动、移位，精度不易保证，施工效率低（图4.2-51～图4.2-53）；为避开穿心管连接杆，个别主筋间距不易调整，存在主筋间距不均的质量通病。

图4.2-51 主筋定位穿心管盘架

图4.2-52 常规定位盘

图4.2-53 穿心管间距调整

项目践行质量管理前移，对常规滚焊机套筒易松动、套筒与支撑杆碰撞导致的主筋定位间距不均匀等问题进行改良，按照滚焊机型号和钢筋笼主筋间距进行定位盘图纸设计，委托专业工厂定制加工，见图4.2-54、图4.2-55，将主筋定位穿心管优化为多直径打孔定位盘。

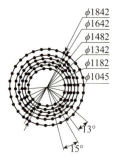

图 4.2-54　定位盘图纸设计　　　图 4.2-55　改良主筋定位盘

钢筋笼加工时,主筋按照钢筋笼直径穿入相应的孔洞中,起动滚焊机,与钢筋笼加强圈和螺旋筋进行焊接,提高加工效率的同时,保证了主筋间距的均匀性,见图 4.2-56、图 4.2-57。采用多直径打孔定位盘后,钢筋笼可在各种直径间进行快速切换,提高加工效率的同时,主筋间距精度可控制在 2mm 以内,用于圆形立柱钢筋笼时保护层厚度检测合格率可达到 99.8% 以上。此项技术总结形成"一种桩柱钢筋笼滚焊机主筋定位装置",已获得实用新型专利授权(专利号 202122932356.7)。

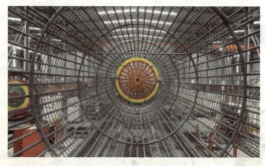

图 4.2-56　间距精度控制　　　图 4.2-57　笼内三角钢筋支撑架

钢筋笼加工成品验收的指标主要有主筋间距、螺旋筋间距、钢筋笼直径等。通过采用多直径打孔定位盘,钢筋笼主筋间距固定,精度高,特别适合集中批量生产和质保资料的数字化批次验收,见图 4.2-58、图 4.2-59。

图 4.2-58　钢筋笼验收　　　图 4.2-59　质保资料数字化系统填报

4.2.2.3 地材创新管理

拌和站采用双料仓管理理念（一备一用），严格区分砂石料已检区、待检区，拌和机料仓加设顶板并加高隔板，有效杜绝串料（图4.2-60、图4.2-61）。为保证机制砂成品质量稳定，在每600t检验批的基础上，每隔15天对成品机制砂稳定性进行抽检，包括细度模数、石粉含量、级配、亚甲蓝技术指标，见图4.2-62、图4.2-63。

图4.2-60 双料仓管理　　　　　　　　图4.2-61 加高隔板，避免串料

图4.2-62 机制砂抽样　　　　　　　　图4.2-63 检验

4.2.2.4 安全防护标准化

在借鉴现有高速公路安全生产标准化创建实践成果基础上，积极开展城区高速公路建设项目安全防护标准化研究，制定安全防护标准化图册，制作安全通道标准化视频，在厂区场内通道、隧道和桥梁下部结构、桥面系等施工部位采用定型化防护设施，现场安全通道依照通道标准化视频统一制作，达到统一、实用和美观（图4.2-64~图4.2-66）。

 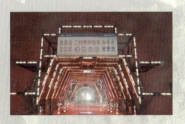 

图4.2-64 场内通道防护　　　图4.2-65 隧道台车防护　　　图4.2-66 桥面防护

立柱"爆模"是罕见但可怕的风险,义东建设者在通常的法兰盘上增设了45°对拉螺杆,以"双保险"终结后患,见图4.2-67~图4.2-69。

图 4.2-67　盖梁防护　　　　图 4.2-68　45°对拉螺杆　　　　图 4.2-69　法兰盘螺杆双保险

4.2.3　路基台背填筑

将原先施工组织困难、质量难以保证的水稳台背填筑变更为级配碎石填筑,确保路基与台背回填同步施工,提高了施工的便利性,保证了台背填筑质量,见图4.2-70~图4.2-71。

图 4.2-70　台背分层回填　　　　　　　　图 4.2-71　台背分层压实

4.2.4　路面施工

4.2.4.1　设备微改良

1)路面料车智能温控系统改良

对运输车辆加装全程温度监控系统。利用插入式温度传感器,在车厢外侧加装集成电路盒,通过通信模块将温度数据实时上传至数据平台,实时监测运输过程中的混合料温度信息,实现混合料运输过程温度智能管控。

2)摊铺机防离析小微改

通过在摊铺机螺旋布料器中部拼接处加装反向叶片,防止布料不均匀引起的离析。

在输料槽前段安装防离析链条，减少输料引起的离析。安装电子料位计和输料槽保温罩，实现料位自动匹配，减少输料过程中的温度离析。

3）加装压路机安全作业系统

通过对压路机安装360°倒车影像、蜂鸣报警器、工作警示灯等，运用声光警示、影像辅助、自主防撞等技术措施，全方位提升压路机作业的本质安全水平。

4）加装轮胎压路机智能喷油系统

对轮胎压路机安装隔离剂喷洒泵，通过电子多级调挡开关、防堵喷头，实时观察轮胎表面油膜的均匀性，控制喷洒量，预防轮胎粘轮，提升碾压品质。

4.2.4.2 路面施工工艺标准化

1）水稳施工工艺

工艺流程：原材料检测→配合比设计→工作面交验→施工准备→拌和→运输→摊铺→碾压→接缝→养生及交通管制→检查验收。

设备配置：2台摊铺机，3台单钢轮压路机，2台轮胎压路机，1台双钢轮压路机，1台小型双钢轮压路机。

施工要点：原材料检测，配合比设计；混合料配比、含水率调整及控制；现场机械设备的选择和组合，摊铺速度、夯锤大小、振捣频率、松铺厚度、压实顺序、速度和遍数的确定；接缝处理；矿料级配、含水率、水泥剂量、压实度、厚度、宽度、无侧限抗压强度等技术指标检测，见图4.2-72～图4.2-77。

图4.2-72 测量放样

图4.2-73 立边模

图4.2-74 卸料

图4.2-75 双机联合摊铺

图4.2-76 摊铺

图4.2-77 摊铺

2）透封层施工工艺

工艺流程：工作面清理→裂缝处置→透封层作业→胶轮碾压→检查与清理→试验检测。

设备配置：路面干洗车、沥青碎石同步透封层车和轮胎压路机各1台。

施工要点：沥青和碎石撒布量控制，渗水试验和外观检查。

3）沥青面层施工工艺

工艺流程：原材料检测→配合比设计→拌和→运输→摊铺→碾压→接缝→检查验收。

设备配置：沥青中下面层，采用福格勒SUPEP2100-3L摊铺机，双钢轮压路机3台，轮胎压路机2台，小型双钢轮压路机1台；沥青SMA面层，采用福格勒SUPEP2100-3L摊铺机，双钢轮压路机5台，小型双钢轮压路机1台。

施工要点：原材料检测，配合比设计；混合料的质量检查：油石比、矿料级配、稳定度、流值、空隙率、残留稳定度、车辙试验等；现场机械设备选择和组合，摊铺温度、速度、夯锤大小、振捣频率、松铺厚度、压实顺序、碾压速度及遍数的确定；接缝处理；厚度、压实度、平整度、铺面均匀度、渗水系数、摩擦系数和构造深度等技术指标的检测。

4.2.4.3 路面路用性能参数指标提升

针对浙江省内沥青路面存在的桥头跳车、路面不平整、早期破损等质量问题，2022年12月，浙江省交通运输厅印发了《关于进一步提升全省公路沥青路面工程质量的十条指导意见》（浙江交〔2022〕141号）。根据文件精神，2023年4月浙江省交通投资集团有限公司（以下简称集团公司）出台了《浙江省交通投资集团有限公司高速公路沥青路面质量提升指导意见》（浙交投〔2023〕51号），提出了"消除早期病害、延长使用寿命、提升服务体验"的高速公路沥青路面质量提升指导意见，基本思路和建设目标是坚持问题导向、目标导向和效果导向，全面深化"建设与养护、设计与施工、结构与材料、路基与路面"等投建管养一体化理念，切实发挥设计先导作用，严抓项目人员、原材料与产品、设施设备配置及施工过程等方面的管控，规范开展试验检测、验收评价工作，加大技术与管理创新，提升数字化水平，加强从业人员培训，保障合理工期，消除早期病害，15年内各结构层不发生结构性维修（除日常养护及因表面功能衰减而进行的单层加铺、表面层铣刨重铺等预防性养护外），确保沥青路面寿命不少于15年，力争20年。主要控制指标为：

①沥青面层施工前，水稳基层裂缝平均间距不小于100m。

②缺陷责任期内：单车道每公里路面发生病害不多于1处；竣工验收时路面使用性能指数PQI达到98以上，路面行驶质量指数RQI达到94以上，路面车辙深度指数RDI达到96.5以上；无明显桥头跳车。

浙江省交通运输厅和集团公司的路面质量提升指导意见给义东项目路面工程高质量建设指明了努力方向和质量管控目标。结合工程实际，提出了沥青路面路用性能参数指标目标：

①满足集团公司零初检要求，路面损坏状况指数 PCI ≥ 98，路面车辙深度指数 RDI ≥ 96，路面行驶质量指数 RQI ≥ 94；竣工验收时路面使用性能指数 PQI ≥ 98，路面行驶质量指数 RQI ≥ 94，路面车辙深度指数 RDI ≥ 96.5，无明显桥头跳车。

②沥青路面路用性能参数指标满足表 4.2-1。

义东项目沥青路面路用性能参数指标目标　　　表 4.2-1

项目			允许值	目标指标
平整度	表面层	国际平整度指数 IRI（m/km）	≤ 1.6	≤ 1.4
		标准差（mm）	≤ 1.0	≤ 0.8
	中面层	标准差（mm）	≤ 1.2	≤ 1.0
	下面层	标准差（mm）	≤ 1.6	≤ 1.4
渗水系数	表面层	渗水系数（mL/min）	≤ 60	≤ 40
	中面层	渗水系数（mL/min）	≤ 90	≤ 60
	下面层	渗水系数（mL/min）	≤ 200	≤ 150
伸缩缝平整度		与桥面高差（mm）	≤ 2.0	≤ 1.5

成立了义东项目沥青路面施工管理专业化小组，固化工作管理机制，明确工作目标及职责，制定了各参建单位（项目指挥部、监理单位、项目中心试验室、路面咨询服务单位、物联网咨询服务单位和施工单位）管控项目中主要的监管内容和频率清单，每日日报，日常巡查报告。

义东项目同步推出了精细化管理措施，如推行项目班子带班制、加强试验段总结和评估、制订路面病害清单、处治措施清单和责任清单等。加强路面施工过程中混合料配合比的动态优化，进一步提高数字化管控的有效性，强化工作面的验收。加强水稳混合料稳定性控制，改进水稳基层施工工艺，有效减少基层裂缝。严格控制沥青混合料材料离析、温度离析和压实离析，强化接缝、边部、渐变段、摊铺机收斗处及吊杆处等薄弱环节质量管控。合理安排工序衔接，避免交叉施工造成路面污染。

4.2.4.4　水稳质量通病防控

1）保障合理工期，强化工作面验收

根据项目特点、总工期、施工投入、有利施工季节等合理安排路面施工计划。一是加强土建和路面交接管理工作，路基交付工作面达 50% 以上才能开始交付作业，以保证路面施工的连续性；二是水稳（底）基层施工避开高温季节，让水稳基层过冬。水稳基层经过一个冬天可完成正常收缩，对收缩裂缝进行补强修复后，可有效减少后期路面反射裂缝。

2）数字化三维高精度控制机械化摊铺工法

针对传统水稳（底）基层依赖基准架、工作效率低、质量控制受人为影响较大等弊端，开发以三维mmGPS摊铺控制系统为核心的三维摊铺施工技术，将路面设计参数输入计算机控制中心，建立路面三维模型，并连接摊铺机液压系统，控制摊铺机运行，将设计数据直接转化为生产的数字化施工依据。通过卫星及域激光定位技术，高程精度控制在毫米级别，整个过程具有数字化、智能化、网络化和可视化的特色，有效提高了施工质量。

（1）三维数字化模型建立

将路面设计参数（平曲线、纵曲线、横断面和高程等）输入3D-Office软件中处理，将生成的设计路面三维数字化模型导入GX-60控制箱和mm GPS流动站的手簿中，实现施工一线的设计数据的可视化。

（2）设备安装与调试

安装PZS-MC域激光接收器、GX-60显示控制器，架设GNSS[①]基站和LZ-T5域激光发射器等（图4.2-78～图4.2-82），将三维mmGPS摊铺系统连接到摊铺机液压油缸，以控制熨平板标尺的自动升降，实现BIM模型至现场施工的成型。系统工作时，GNSS基准站通过无线通信技术实时向接收器发送差分信号，域激光发射器实时向接收器发送高程信息；通过实时解算处理，将实际摊铺面高程与设计路面模型对比，进而对摊铺高程进行控制。mmGPS流动站接收机分别接收GNSS卫星信号、GNSS基站发送的差分信号和域激光发射器发送的高程信息，实现高程测定、高程复核、摊铺机高程改正信息校准等功能。

图4.2-78 域激光接收器　　图4.2-79 GNSS基站　　图4.2-80 域激光发射器

---

① GNSS：Global Navigation Satellite System，全球导航卫星系统。

图 4.2-81　mmGPS 流动站校准

图 4.2-82　GX-60 控制箱信息导入

（3）摊铺机施工作业

为保证基层边缘密实度，采用智能 RTK[①]放出路床或基层边线，支设 2m 长槽钢作模板，模板外侧采用八字角钢顶紧，每根角钢用 2 根钢钎固定。采用两台摊铺机梯队式同步匀速摊铺（搭接宽度 5~10cm），在正式摊铺前，按 1.3 的松铺系数调整 3D 摊铺机垂直调整系数，采用 mmGPS 流动站放样出松铺高度，用木块将熨平板调整到松铺高度的位置，手动将标尺调整到对应松铺高度的合适位置。此时控制箱显示熨平板底与设计高程的调整值，用 mmGPS 流动站测量熨平板底部高程，将其误差值输入控制箱，使其调整值归零，消除之前安装系统时因量测不准确造成的误差，至此完成第二道高程校正工序，见图 4.2-83、图 4.2-84。

图 4.2-83　立模

图 4.2-84　3D 水稳摊铺施工作业

摊铺机前保持有 5 台以上的运料车等待卸料，运料车有自动篷布功能。底基层摊铺速度控制在 1.4m/min，基层摊铺速度控制在 1.3m/min，以匹配拌和楼（站）产量与运输能力。水稳摊铺 3~5m 距离后，测量员使用 mmGPS 流动站对虚铺面进行高程检查，根据实测虚铺值，对控制箱显示的高程升降箭头进行适度调整。

---

① RTK：Real-Time Kinematic，实时差分定位。

正常工作状态下,调整箭头变动几乎为零,此时 mmGPS 摊铺系统可稳定地进行自动化摊铺作业,不再需要对系统进行过多的干预和调整。摊铺过程中,不时采用 mmGPS 流动站检测摊铺效果,以有效实现摊铺作业的自动化及施工的动态质量控制和管理。

水稳基层的松铺系数动态调整:摊铺前采用 mmGPS 流动站在下承层采集多处高程并记录,在平整度较差处提高采样频率;摊铺过程中采用 mmGPS 流动站检查、记录这些点的松铺厚度和初始压实度,及时调整摊铺机控制参数,保证松铺厚度和初始压实度均匀、稳定。

(4)混合料碾压

压路机增设限速装置,碾压速度控制标准为:初压 1.5~1.7km/h、复压、终压 1.8~2.2km/h。水稳摊铺 50~70m 后开始碾压,初压采用双钢轮压路机与轮胎压路机各静压 1 遍;复压采用单钢轮压路机弱振动碾压 1 遍,单钢轮压路机强振动碾压 4~5 遍;终压采用双钢轮压路机与轮胎压路机各静压不少于 1 遍,直至无明显轮迹。压路机轮迹重叠 1/2 轮宽,采用小型压路机碾压边部模板部位的水稳基层 2 遍,并补洒水泥浆液,确保水稳基层边缘的强度。

(5)水稳养护

水稳碾压完成 2h 后进行洒水养生,养生周期为 7d。为解决高温天气下水稳基层养生不均匀、需水量大及湿度不好控制等工程难题,义东项目采用滴管养护(图 4.2-85),具有连续小流量水、养护均匀和湿度控制得当等优点。

图 4.2-85 水稳滴管养护

3)水稳基层步检制度

对过冬后的水稳基层实行步检制度,即在面层施工前,指挥部组织监理办和施工单位对水稳基层裂缝、下封层和防水黏结层等质量缺陷进行步检排查(图 4.2-86),建立分类问题清单,由施工单位制定分类处治方案进行清单化处治整改,处治过程留影像资料,并报监理验收确认,同步建立分类处治台账。水稳基层裂缝处置原则为:裂缝宽度 ≤ 3mm,铺设抗裂贴;裂缝宽度 > 3mm,

图 4.2-86 三方步检

先进行乳化沥青灌缝再铺设抗裂贴。

4）建立固化的管理机制

为深化品质工程建设，切实提升沥青路面工程质量，通过健全沥青路面工程管理体系，建立以指挥长为组长、副指挥长为副组长，指挥部职能部门、监理、咨询和施工单位负责人为组员的沥青路面质量管控小组，明确各参建单位主要工作职责，固化工作人员，固化管理机制，明确巡查内容，形成清单化的监管项目并明确频率，建立固化的路面质量巡查机制。

4.2.5 桥梁结构物

4.2.5.1 先进设备等投入

1）全套管全回转钻机

项目高架2号桥78号~82号墩和高架3号桥83号~92号墩柱位于既有市政道路上，该区段45根桩基所入地层依次为1~8m的市政道路宕渣回填层、8~10m砂砾层、卵石层，地质条件复杂。采用常规旋挖钻成孔工艺，钢护筒穿透厚层宕渣回填层，埋设难度大。若将原市政道路宕渣路基挖除后埋设钢护筒，开挖深度将超过10m，开挖面大，对现有市政道路、周边建筑物及综合管网破坏严重，且该工艺施工效率低、施工成本高。

针对市域环境深厚宕渣层护筒埋设难、砂砾卵石层钻进易缩径、易坍孔和易对现有市政道路、周边建筑物及综合管网造成破坏等难题，引入并开发了基于国内领先设备的JAR320A全套管全回转钻机+旋挖钻进的桩基成孔技术（图4.2-87~图4.2-92），采用双壁钢套管（壁厚60mm）跟进，克服管壁与土层间的阻力并将扭矩传递至下部切削刃（切削坚硬的土石层），套管直接穿透路基宕渣换填层并嵌入桩基硬层，起到全程护壁作用，解决桩基缩径、塌孔等问题，且无须制备泥浆，施工噪声污染小，施工进度快、工效高和环保。

图4.2-87 桩位放样　　　　　　　图4.2-88 全套管全回转钻机就位

图4.2-89　钢套管钻进

图4.2-90　二片式冲抓斗取出宕渣层

图4.2-91　旋挖钻成孔

图4.2-92　钢套管拔出

2）不锈钢模板

转变品质工程理念，强化与施工单位事前沟通协调。为提升工程外观品质，鼓励施工单位对桥梁墩柱、梁板采用不锈钢模板，见图4.2-93～图4.2-95。

图4.2-93　箱梁侧模

图4.2-94　底模

图4.2-95　箱梁内模

4.2.5.2　施工工艺标准化

1）钢筋胎架化加工

针对钢筋加工构件形状，设计专用钢筋半成品堆放架、存放架；设计立柱钢筋和箱梁钢筋加工胎模架，提升钢筋骨架加工的精度和工效，见图4.2-96～图4.2-98。

图 4.2-96　钢筋半成品　　　图 4.2-97　墩柱钢筋胎架　　　图 4.2-98　箱梁钢筋胎架

2）圆桩接方柱

工艺流程：施工准备→路面切割、钢板桩支护及开挖→破桩及凿毛→桩接柱中心放样→安装桩接柱模板及固定→墩柱钢筋笼定位及安装→桩接柱钢筋安装→混凝土浇筑→拆模及养生。

3）立柱和矩形墩

工艺流程：施工准备→墩位测量放样→承台顶面凿毛处理→安装装配式梯笼→钢筋笼安装→模板安装→模板及保护层检查→混凝土浇筑→拆模及养生。

4）盖梁

圆柱接盖梁工艺流程：抱箍安装→盖梁施工平台搭设→底模安装→盖梁钢筋加工及安装→侧模安装→混凝土浇筑→拆模及养生，见图 4.2-99。

方柱接盖梁工艺流程：钢管支架搭设→盖梁施工平台搭设→底模安装→支架预压→盖梁钢筋加工及安装→侧模安装→混凝土浇筑→拆模及养生→第一次张拉压浆→第二次张拉压浆（梁板安装后），见图 4.2-100。

图 4.2-99　圆柱接盖梁施工标准化　　　图 4.2-100　方柱接盖梁施工标准化

5）支座垫石质量控制

支座垫石施工过程、完工复核、安装钢板均采用水平靠尺检验平整度，见图 4.2-101～图 4.2-103。

图 4.2-101　水平靠尺检验　　图 4.2-102　钢板安装　　图 4.2-103　完工复核

6）支架法现浇施工

工艺流程：基础处理→承载力检测→地坪浇筑→放样、支架搭设→预压→底模调整→底腹板钢筋绑扎→底腹板模板安装→底腹板浇筑→顶板模板安装→顶板钢筋安装→顶板浇筑→养护→张拉→压浆，见图 4.2-104～图 4.2-109。

图 4.2-104　地基处理　　图 4.2-105　支架定位　　图 4.2-106　监控系统检测点布置

图 4.2-107　临边模板安装　　图 4.2-108　钢筋安装　　图 4.2-109　班组活动区域

7）挂篮悬浇

工艺流程：0号块支架搭设及预压→支座、模板、钢筋安装→混凝土及预应力施工→临时固结→0号块支架模板拆除→挂篮安装→挂篮预压→1号块钢筋、预埋件及预应力管道→1号块混凝土浇筑、养护、等强→预应力张拉、管道压浆、封锚→使用挂篮对称进行其他节段块施工→边跨安装临时锁定骨架、配重、边跨支座解锁→边跨合龙段混凝土施工→边跨合龙段预应力施工→主墩临时固结解除→中跨安装临时锁定骨架、配重、中跨支座解锁→施工中跨合龙段混凝土→拆除挂篮→中跨合龙段预应力施工，见图 4.2-110～图 4.2-115。

 图4.2-110 挂篮安装
 图4.2-111 挂篮预压
 图4.2-112 监测系统安装

 图4.2-113 作业区域划分
 图4.2-114 检查螺母紧固程度
 图4.2-115 节段浇筑

8）架梁作业

工艺流程：支座垫石及橡胶支座验收→场地平整→架桥机拼装→架桥机试吊→架桥机过孔→提梁运至炮车→炮车运梁→炮车喂梁→架桥机移梁→架桥机落梁→下一过孔架梁循环，见图4.2-116～图4.2-121。

 图4.2-116 架桥机拼装
 图4.2-117 炮车运梁
 图4.2-118 架桥机架梁

 图4.2-119 架桥机落梁
 图4.2-120 架桥机过孔
 图4.2-121 接头铺设钢板梁

9）桥面系作业

湿接缝工艺流程：准备工作→连接钢筋→连接波纹管并穿钢束→搭设模板→浇筑连续接头、端中横梁及桥面板连接湿接缝→养护→张拉负弯矩钢束并压浆→拆除→联内临时支座→完成体系转换。

桥面护栏：钢筋加工及安装→模板安装→混凝土浇筑。

桥面铺装：测量放线→桥面钢筋网绑扎→高程控制带设置→混凝土浇筑→养护。

桥面系作业流程见图 4.2-122～图 4.2-130。

图 4.2-122　定制安全挂篮　　图 4.2-123　装配式防护栏杆　　图 4.2-124　安全防坠网

图 4.2-125　装配式安全通道　　图 4.2-126　护栏专用模板台车　　图 4.2-127　遮阳防雨棚

图 4.2-128　湿接缝钢筋连接　　图 4.2-129　专用湿接缝小挂篮　　图 4.2-130　桥面养护

4.2.6　隧道工程

4.2.6.1　机械化设备投入

隧道施工采用最新的九台套机械化设备，包括多臂凿岩台车、湿喷机械手、拱架台车、挂布预检二合一台车、液压栈桥、二次衬砌养护台车、二次衬砌台车和水沟电缆槽模架台车等，见图 4.2-131。

a) 多臂凿岩台车

b) 湿喷机械手

c) 拱架台车

d) 挂布预检二合一台车

e) 液压栈桥

f) 二次衬砌养护台车

图 4.2-131　隧道机械化设备

4.2.6.2　精心编制专项方案

西甑山隧道为特长隧道（左洞全长 3248m，右洞全长 3247m），周边环境复杂。隧道进口北侧约 176m 为正在运营的 G527 国道，隧道进洞口比 G527 国道路面高约 11.1m，G527 国道现状交通量较大，车速较快。距隧道左进洞口左侧约 188m 和 171m 分别为目前在建的 S217 省道的右幅、S37 省道分离式立交桥和西岘峰隧道右洞，隧道进洞口比 S217 省道路面高约 3.3m，西岘峰隧道已基本建成。隧道右进口右侧约 82m 有高压线并一直延伸至 G527 国道。隧道周边总体环境见图 4.2-132。

图 4.2-132　隧道复杂周边环境

隧道工程除精心编制了《西甑山隧道专项施工方案》外，还编制了《西甑山隧道洞口工程施工技术方案》《西甑山隧道洞身开挖及支护施工技术方案》《西甑山隧道二次衬砌施工技术方案》等分部工程技术方案并进行了评审，制定了隧道工程施工作业标准化流程。

4.2.6.3　标准化工艺流程

1）隧道开挖

工艺流程：施工准备→超前地质预报→测量放样→钻爆作业→通风排烟→出渣。隧道开挖严格管控钻爆作业，以减少爆破对围岩的扰动和超欠挖，见图4.2-133~图4.2-135。

图 4.2-133　喷漆控制周边眼间距　　图 4.2-134　台车布眼打孔　　图 4.2-135　光面爆破效果

2）初期支护

工艺流程：施工准备→初喷→测量放样→立钢拱架→锚杆机钻孔、人工钻孔→装设锚杆→注浆→喷射混凝土，见图4.2-136~图4.2-138。

图 4.2-136　初期支护复喷　　图 4.2-137　立钢拱架　　图 4.2-138　装设锚杆

3）二次衬砌施工

工艺流程：土工布、防水板铺设→测量放样→钢筋绑扎→安设垫块→台车定位→模板安装→浇筑混凝土，见图4.2-139~图4.2-141。

  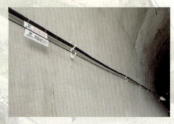

图 4.2-139　防水板铺设　　图 4.2-140　二次衬砌台车就位　　图 4.2-141　临时用电

4.2.6.4　精细化举措

西甑山隧道施工精细化管理措施主要有拌和站双料仓带门禁管理、小型机具材料仓储式管理、采用定型钢模固定中埋式止水带、二衬和仰拱钢筋采用安装卡具定位、挡火板焊接及保护套防护、拱架拱脚10cm预制垫块、拱架加工连接板卡具定位、自动水平激光投线仪控制拱架安装间距及倾斜度、自行式液压仰拱栈桥施工控制顶面平整度、二次衬砌成品采用大功率雾炮机进行养护等，见图4.2-142～图4.2-153。

图4.2-142　双料仓带门禁

图4.2-143　仓储式管理

图4.2-144　钢模固定中埋式止水带

图4.2-145　超前小导管

图4.2-146　预制垫块

图4.2-147　仰拱钢筋卡具定位

图4.2-148　钢筋安装卡具定位

图4.2-149　挡火板焊接

图4.2-150　钢筋保护套

图 4.2-151　拱架连接板卡具定位　　图 4.2-152　拱架检测　　图 4.2-153　交界面凿毛

4.2.7　班组标准化

提倡人文关怀、提高软实力，建设产业工人园。园区采用按物业式管理，实现拎包入住。利用一站式质安教育培训基地对新进工人进行登记、体检、教育培训、发放劳保用品，实行"上岗必考、合格方用"，并形成人员安全码，为全省共享的产业工人信用提供参考，推动劳务大军向产业工人转型，见图 4.2-154 ~ 图 4.2-157。

图 4.2-154　登记　　　　　　　　　　图 4.2-155　体检

图 4.2-156　培训考试　　　　　　　　图 4.2-157　实操

开展美丽班组建设,通过钢筋焊接等多种形式的比武提升班组作业规范化水平,见图 4.2-158、图 4.2-159。

图 4.2-158　钢筋焊接现场比武

图 4.2-159　多媒体考试

4.2.8　安全管理极致精益

按照惯例,安全要等到实际施工时才被足够关注。但在此前,义东建设者已走过前期设计和施工准备两大步,完成前置的系统谋划和源头把控。

实际施工是义东建设者面向"平安优质"的一场攀登。紧紧围绕"531"安全管理目标和"135"安全管理思路,创新提出了"目标牵引安全循环管理 OS3C 模型",将安全管理过程分成"事前—事中—事后"三个阶段,强调在"目标(Objective)"牵引下发挥各参建单位主观能动性,将工程施工安全管理过程分为"谋划(Strategy)、施工(Construct)、检查(Check)、总结(Conclude)"四个方面,并建立四个关系模型,通过不断地谋划、验证、提升,循环往复,最终达到本质安全。

1)立柱模板安拆

立柱施工原规划是梯笼上下、360°全封闭(图 4.2-160),看上去很安全,但实际施工时却发现该方案视线差、揽风难,且费力费时。后来改为采用登高车,移动自如、上下方便、视野开阔、安全高效,见图 4.2-161。

类似改进亦体现在立柱模板拆装的"安全带+防坠绳"双保险上:工人上下作业前预先设置好防坠器,作业时同时悬挂安全带和防坠器,有效避免了坠落风险。

立柱模板拆装作业常规方案仅在盖梁四周设置装配式支架作业平台,其存在的缺陷有:①施工历时长;②施工成本高;③防止钢筋笼倾覆的缆风绳设置困难;④立柱模板吊装困难;⑤作业平台与立柱钢模之间存在高处坠落的空间。改进后,利用立柱钢模板作为作业爬梯,设置安全绳(图 4.2-162)和防坠器(图 4.2-163)"双保险",增加悬挂式简易操作平台。优点是:①便捷;②节约费用;③安全可靠(出错也能保证安全)。

图 4.2-160　常规防护　　图 4.2-161　改进后　　图 4.2-162　安全绳　　图 4.2-163　防坠器

2）盖梁作业平台

盖梁施工由传统沙桶支撑改为新型卸载块支撑。新型卸载块不但安拆便捷，而且拥有"千斤顶的力度、毫米级的精度"。

准备阶段谋划盖梁平台时，已考虑到相应的防护，但实际施工时又发现了新的隐患，又立马增加了一条安全母绳，工人作业时只需把安全带上的扣子往安全母绳上一套，就给自己加上了一道生命屏障。

工人不可能没有失误，义东项目追求的是"即使人员操作失误，也能确保他平安"的本质安全。

盖梁施工传统方案仅在盖梁四周设置定型化护栏（图 4.2-164），无法保证盖梁顶作业人员的安全。检查发现后，提出在盖梁两侧增设安全母绳，盖梁浇筑前预留安全母绳固结装置，在进行盖梁浇筑等作业前先安装好安全母绳，作业人员将安全带系挂在牢固的安全母绳上，实现盖梁作业全过程的施工安全保障，见图 4.2-165。

图 4.2-164　常规临边防护　　　　　图 4.2-165　改进后的安全母绳防护

3）桥面系护栏

桥面护栏混凝土浇筑施工常规方案中，施工作业人员将安全带系在模板上面，站在模板上面进行浇筑，安全隐患较大。改进优化后，设置混凝土浇筑平台，即在护栏模板内侧设置可翻板的钢筋网平台（图4.2-166、图4.2-167），作业人员在浇筑混凝土护栏时，站在内侧平台上（离地60cm），方便浇筑作业，保障安全。

图4.2-166　护栏浇筑平台　　　　　　　图4.2-167　翻板平台细节图

4）钢混叠合梁三角托架

钢混叠合梁顶板现浇混凝土支架结构施工常规方案采用登高作业车配合搭设定型三角托架（图4.2-168），稳固性较好，但施工支架高程调整难度大、安全风险较大。改进优化后，采用登高作业车配合搭设可调三角托架（含临时护栏安插孔位），提升了支架水平高度调整的便捷性和精准度，同时降低支架支撑点高度调整作业难度及安全风险，见图4.2-169、图4.2-170。

图4.2-168　常规三角托架　　　图4.2-169　登高可调三角架　　　图4.2-170　地面安装可调三角架

5）隧道拱部锚杆施作

隧道拱部锚杆施作中，一般钻眼台车（图4.2-171）无法在拱部岩面进行锚杆垂直钻孔施工，导致隧道拱部坍塌、掉块事故时有发生。通过对钻眼台车进行优化改造，设置双层平台网片，上层网片设置为可开启式（图4.2-172），可有效进行拱部锚杆施工（图4.2-173），提高施工质量的同时进一步提升隧道施工安全状况。

图 4.2-171　常规钻眼台车　　　　图 4.2-172　开启式天窗　　　　图 4.2-173　拱部锚杆施作

6）复合炮帘

隧道洞口段爆破飞石安全管控，常采用橡胶轮胎或传送带等单一爆破防护，利用橡胶缓冲吸收爆破飞石的冲击力，达到防止飞石的效果。但橡胶轮胎或传送带等长度偏短，整体性较差，防飞石效果不佳（图 4.2-174）。改进后，采用复合式炮帘（即竹板、橡胶轮胎及橡胶传送带组合，见图 4.2-175）设置爆破隔离防护，兼顾防护的同时，弥补各单一材料整体性差的缺点。

图 4.2-174　轮胎等单一爆破防护　　　　　　图 4.2-175　复合式炮帘

7）集中充电区

为确保宿舍区用电安全，以往设置 USB 充电接口（图 4.2-176）以防止宿舍内使用大功率用电设备，但造成部分小功率设备无法通过 USB 接口进行充电，影响工人日常用电。设置集中充电区，按照超市存放物品柜模式设计，既满足充电要求，又满足防盗要求，见图 4.2-177。

图 4.2-176　USB 接口　　　　　　　　　图 4.2-177　集中充电区

8）涵洞现浇模板

涵洞混凝土现浇模板常采用传统钢模板（图4.2-178），存在质量大、安装难度大、紧固螺栓工序复杂、涵洞通道墙身比较高、吊装施工安全风险较大等不足。项目引进轻型塑钢模板，材质轻、安装简便，有效降低了施工安全风险，见图4.2-179。

图4.2-178　传统模板

图4.2-179　轻型塑钢模板

9）桥面系材料工兵装运车

常规桥面系钢筋运输及吊装施工作业采用简易吊篮（图4.2-180），存在吊装重心不稳、结构安全稳固性差、人工搬运困难等安全风险。对吊篮结构进行优化设计，采用16号槽钢进行整体焊接，并设置底座框架，强化整体结构安全稳固性，并统一涂刷蓝色面漆，美观性较好，如图4.2-181所示。但是通过现场实践，发现存在重量过大、不易挪动的弊端。通过不断改进，考虑桥面系护栏施工体量较大，钢筋在施工转运的过程中费工、费时，为进一步提高护栏施工工效，项目部秉承"机械换人"的施工理念，与厂家联系，采用定制化方式，引进电驱动运输板车"工兵装运车"（图4.2-182），极大提高了钢筋转运工效，有效促进了现场施工安全标准化建设。

图4.2-180　简易吊篮

图4.2-181　优化后吊篮

图4.2-182　工兵装运车

10）桥面系电驱动护栏模板安装台车

桥面系护栏施工常采用定型化的护栏模板安装台车（图4.2-183），存在台车自重大、移动行走不便、人员上下台车作业平台困难等问题。通过加装整体式钢结构电驱动平台，设置驱动操作平台，实现台车靠动力行走（图4.2-184）。同时，对台车挂篮作业平台进行优化设计，将以往的固定式作业平台改造成可上下升降的安全移动平台，便于作业人员上下挂篮，并根据护栏高度自动调节作业平台的位置，实现台车自行式行走。

图4.2-183 常规安装台车　　　　　　　　图4.2-184 驱动模板台车

11）装配式围挡

常规施工采用彩钢板分段封闭式管控方式（图4.2-185），易受碰撞等因素影响造成围挡损坏，且修复工程量大、修复成本高、修复后外观不佳。通过现场实践、总结分析，对围挡结构进行了优化设计，利用项目交通组织时剩余的铁马等材料进行二次改造，升级成移动式城市围挡（图4.2-186），该围挡在城市地面道路改造过程中，具备随时挪动、随时安装的特点，有效提高了施工区域封闭管理的成效。

图4.2-185 常规封闭围挡　　　　　　　　图4.2-186 移动式城市围挡

12）钢筋定位器

针对常规钢筋场内按厂家包装原状成捆堆放（图4.2-187）存在的空间占用大、取用不便且易成捆滚落，设计钢筋定位装置（图4.2-188），将成捆钢筋化整为零，并对端头进行规格尺寸定位，存取方便，极大优化了场地空间的利用，真正做到施工现场5S（整理、整顿、清扫、清洁、素养）作业管理，有效提升了场站原材料堆放标准化建设成效。

图 4.2-187 常规存放架

图 4.2-188 专用定位装置

13）箍圈钢筋定型支架

针对常规不同直径箍圈钢筋摆放随意混堆凌乱、堆叠高度过高易倒塌（图 4.2-189），进行定型支架改进（图 4.2-190），把不同直径的箍圈分类别放，整齐美观。

图 4.2-189 常规存放架

图 4.2-190 改进后定型支架

14）钢筋三角支架

针对常规半成品钢筋规格尺寸多、摆放散乱、管理难度大等（图 4.2-191），通过移动式三角支架（图 4.2-192）改进，并根据钢筋半成品结构尺寸，确定支架摆放间距，对钢筋半成品进行有效固定，解决了钢筋半成品因尺寸不同而导致堆放散乱的情况。

图 4.2-191 半成品三角支架堆放

图 4.2-192 移动式三角支架

15）桥面系护栏焊渣接火棚

现场桥面系护栏焊接作业产生的电焊火花随意掉落，对桥梁下过往人员、过往车辆等构成较大安全风险。常规采用铁制接火棚（图4.2-193），用钢管+钢丝绳的形式将接火棚固定在护栏焊接区域底部，使用过程中存在自重大、移动困难等问题，导致使用频率不高。改进后，采用移动式焊渣接火棚台车（图4.2-194），通过在台车上装设悬臂式接火棚，对接火棚进行了优化设计，内侧密贴在梁板翼缘板上，对外侧进行加高以防止电焊火花四溅，既方便移动作业，又能有效防止电焊火花掉落。

图4.2-193 铁制接火棚　　　　　　图4.2-194 移动式焊渣接火棚台车

4.2.9 环保举措

为切实践行"绿水青山就是金山银山"，减少施工对自然生态环境的破坏，指挥部结合项目实际，事前谋划环保举措，实现环保生态化，创建文明施工标杆示范。

全线采用封闭式混合料拌和厂（图4.2-195）。雨污水分离，收集场内雨水后用于梁板循环养护，污水统一纳管收集至市政污水管排放（图4.2-196），或经进一步处理后达标排放。

图4.2-195 全封闭拌和厂　　　　　　图4.2-196 污水纳管和统一处理

项目配备山猫扫地车进行沿线工点的工完场清,见图 4.2-197。沿线采用生态围挡进行施工同居民生活、生产的隔离防护,并采用自动喷淋系统,保持围挡的整洁,见图 4.2-198。对于临时堆放的工程弃方裸土,采用绿色土工布覆盖,见图 4.2-199。

图 4.2-197 山猫扫地车

图 4.2-198 生态围挡

图 4.2-199 裸土覆盖

4.3 安全管理创新

4.3.1 安全管理理念

项目以"品质工程、匠心智造"为指引,树立"隐患就是事故"安全理念,秉持"认真、较真、顶真"的工作态度,全力打造城区高速公路样板工程。

4.3.2 安全管理目标和思路

紧紧围绕创部优、争国优和部级"平安工程"冠名目标,坚持问题导向、目标导向、结果导向,深度做好项目安全管理顶层设计与超前谋划,编制安全管理大纲,确定了"531"安全管理目标和"135"安全管理思路,见图 4.3-1、图 4.3-2。

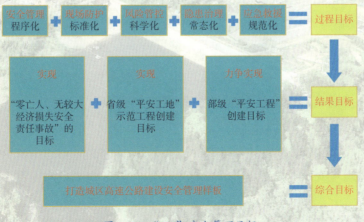
图 4.3-1 "531"安全管理目标

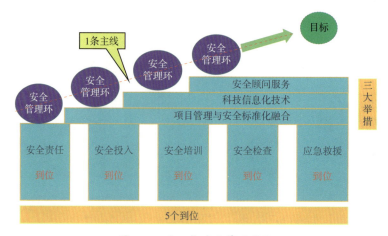

图 4.3-2 "135"安全管理思路

4.3.3 安全管理创新及举措

针对项目桥隧占比特别高、涉路交通安全管理压力特别明显、平面和立体交叉作业多、环境保护和文明施工要求高、施工安全总体风险等级在Ⅲ级及以上的工程结构及施工内容多等安全管理特点，结合加强型小箱梁运输安装、现浇连续箱梁施工、钢混叠合梁施工、特长隧道施工等难点和重点情况，推行以下"三大举措"：

①全面推行安全顾问技术服务，充分发挥其助力作用。
②全面推行智慧工地建设，提高科技化、信息化管理水平。
③全面推行 SCORE[①]项目管理与安全标准化融合应用。

4.3.3.1 推行安全顾问技术服务

近年来，随着交通项目的建设规模不断增大，工程施工难度和安全风险不断增大，安全管理部门和社会公众对工程施工安全管理的要求日渐提高。为弥补基层安全生产管理能力的不足，提升项目安全生产管理专业化水平，坚持"专业的人做专业的事"的理念，指挥部引入了社会第三方专业安全咨询单位，同时开展综合性施工安全顾问、特种设备专项施工安全顾问、保险单位安全顾问三类施工安全顾问技术服务工作，做到安全责任到位、安全投入到位、安全培训到位、安全检查到位、应急救援到位，见图4.3-3、图4.3-4。

4.3.3.2 编制实施安全管理指导手册和技术标准

根据国家、行业对公路工程施工安全管理提出的深化和细化要求，为落实"一岗双责"的安全管理规定，结合项目工程实际，指挥部充分发挥第三方专业安全咨询单位优势，编制并实施《项目工程建设单位安全管理指导手册》，横向对项目建设过程中的安

---

① SCORE：Sustaining Competitive and Responsible Enterprises，企业可持续发展项目。

全管理事项进行梳理，纵向对每项安全管理工作的工作步骤、具体操作要求和注意事项进行梳理，方便全体指挥部人员根据各自岗位分工学习并落实本职安全管理工作，极大地提高了安全管理工作效率和质量。

图 4.3-3 综合性施工安全顾问检查

图 4.3-4 特种设备专项施工安全顾问检查

公路工程施工安全规定涉及面广，并散布于各类法律、法规、规章、规范、规范性文件，且公路工程施工涉及交通运输、应急管理、住房和城乡建设、市场监督管理等多个系统的规章、规范，因此项目参建人员很难在有限的时间内充分高效地进行工程安全管理技术相关业务的学习。为此，结合项目特点，指挥部充分发挥第三方专业安全咨询单位优势，梳理编制《项目工程安全管理技术标准》，并将其录入项目信息化管理系统，便于指挥部、监理办、项目部等参建单位管理人员便捷地开展技术业务学习，同时作为项目部管理人员和一线作业人员的安全教育、培训、交底和考核的基础资料。参建人员在进行工地检查时，可通过手机查看项目信息化管理系统中的《项目工程安全管理技术标准》，对照核查现场存在的问题。在信息化系统内可自动生成本次现场检查问题清单，并将问题清单推送至相关责任人员。

4.3.3.3 实施"一点三员"

建立"一点三员"网格化管理体系，将全线施工面划分为各个工点，每个工点配备技术员、安全员、班组长，制定岗位职责及各工点重点管控事项清单，开展上岗前"应知应会"安全知识考试（图4.3-5），监理办定期督查"一点三员"到岗、履职和每月考评情况（图4.3-6）。

图 4.3-5 "应知应会"安全知识考试

图 4.3-6 现场"一点三员"巡查

4.3.3.4　开展安全管理理论创新研究和实践运用

当前，我国交通工程建设领域安全管理理论研究相对薄弱。基于项目实际，指挥部联合浙江省交通运输科学研究院、安全顾问及行业内资深安全管理专家等共同开展研究，创新提出"目标牵引OS3C安全循环"管理理论，建立与项目特点相适应的"目标牵引OS3C安全循环"管理模型（图4.3-7），以安全"目标（Objective）"为牵引，不断提升和改进优化"谋划（Scheming）、施工（Construct）、检查（Check）、总结（Conclude）"，全力做好工程施工全过程安全保障，力争做到即使人员出现失误，改进的安全措施也能够确保人员生命安全，实现交通建设工程安全管理软科学方面的理论创新，并指导工程安全管理实践。

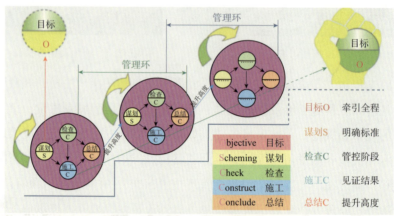

a) 谋划、施工、总结和提升

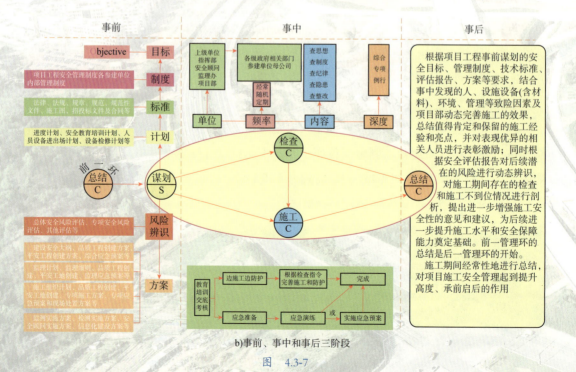

b) 事前、事中和事后三阶段

图 4.3-7

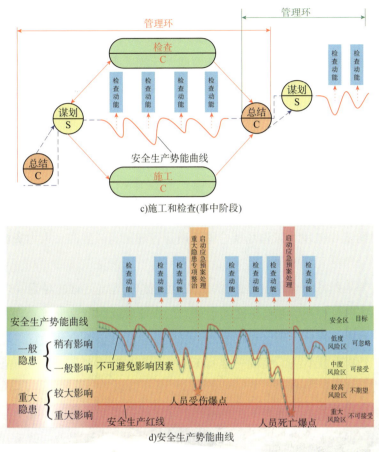

c)施工和检查(事中阶段)

d)安全生产势能曲线

图 4.3-7 "目标牵引 OS3C 安全循环"管理模型图

图 4.3-7a)涵盖工程建设全过程，充分体现动态循环发展的特点。首次谋划明确项目安全管理总目标。在单个大圆圈内通过箭头方式表述了谋划 S、检查 C、施工 C、总结 C 的时间关系、逻辑关系。管理环间环环相扣，体现"安全管理需要及时总结以提升管理能力，在贯彻执行中持续优化改进"的管理理念。每个管理环通过总结来提升高度，体现了在目标牵引下发挥各参建单位人员在安全管理方面的主观意愿和管理能动性的规律。多个管理环中施工结果的累积将决定安全管理目标的高度。

图 4.3-7b)将施工安全管理划分为事先、事中、事后 3 个阶段，符合安全管理的科学规律。详解谋划 S、检查 C、施工 C、总结 C 的主要内容、步骤及相关特性，并将施工与检查作为同一个环节，充分体现了安全检查的重要性和同步性。首次谋划的内容细致、全面，奠定了整个项目的安全管理标准。

图 4.3-7c)将施工 C 和检查 C 作为事中阶段，体现了施工与检查的同步性，也提示了安全检查需要保证及时性。以物理动能的方式代表每次检查 C 的效果，以物理势能的方式代表安全管理态势，强调每次安全检查（动能）对安全管理态势（势能）将起到提

升的作用。强调每次中期总结将进一步提升安全管理态势（势能）。

图4.3-7d）的安全生产势能曲线是模拟实际施工某个阶段可能出现的安全管理态势。检查（动能）下的箭头长且粗，代表检查力度大，效果明显；箭头短且细，代表检查力度小，效果欠佳。每次检查（动能）、整治和启动应急预案都与安全生产势能曲线的发展态势变化息息相关，说明各类检查工作对安全管理态势的发展是非常重要且十分必要的，揭示了安全生产势能曲线的发展与检查频率、检查力度息息相关。

4.3.3.5 全面推行SCORE项目管理

1）SCORE简介

SCORE是由国际劳工组织开发、促进中小企业改善工作场所的管理培训和咨询项目。SCORE共分五个模块（工作场所合作、质量管理、清洁生产、人力资源管理、职业安全与健康）。其中：

第一模块（工作场所合作）是SCORE成功实施的基础，通过对第一模块的开展制定工作流程，使项目管理层和员工之间形成"工作场所合作"这一核心理念。工作流程为：建立管理制度→建立合理化建议渠道→组建企业改进小组→开展宣传培训工作→定期召开EIT（企业改进小组）会议→执行EIP（企业改进计划）→EIC（企业指标数据卡）分析管理。

第五模块（职业安全与健康）也是通过制定工作流程实现对职业安全与健康系统的全面改进，来促进员工自我管理，提升安全管理水平。工作流程为：健全管理制度→开展宣传培训工作→开展风险辨识与评估→开展隐患排查与治理→定期召开EIT会议→执行EIP→EIC分析管理。

SCORE主要通过"5S"（整理、整顿、清扫、清洁、素养）管理和可视化管理等手段，积极营造"沟通、尊重、信任"的和谐氛围，拉近管理者与员工的距离，改善作业环境，提升员工素养和安全、质量。

2）实践应用

（1）深入一线宣传

义东项目大力推行SCORE管理与安全标准化的融合应用。通过深入一线和多种形式宣传（图4.3-8），充分发动一线员工积极参与项目建设管理，有效推动员工从被动接受管理到主动参与管理，提升员工的归属感、责任感，实现"自上而下"与"自下而上"管理方式的有机结合。借助切实可用的管理工具，识别、排查、改进隐患点，实现生产与安全的融合关系，进而提升本项目安全管理水平。

（2）SCORE成效

坚持成就卓越，一年时间内，项目共召开EIT会议16次（图4.3-9），收集合理化建议 123 条，落实改进方案 105 条，其中一线员工提供 30 条，16 条被评为金点子（图 4.3-10、图 4.3-11），发放金点子奖励 1 万元。工作过程中，项目打破自上而下的传统管理模式，充分建立双向沟通渠道，让员工感受到自己拥有企业管理的话语权，并大力鼓励员工提出问题及解决对策。

图 4.3-8　多种形式宣传

图 4.3-9　EIT 会议　　图 4.3-10　二次衬砌台车边设水杯架　　图 4.3-11　轻便型水淋头

SCORE 项目的开展实现了作业环境改善、隐患发生率降低、施工过程便利度提高、浪费减少等目标，在"沟通、尊重、信任"的和谐氛围中实现了员工幸福感提升和项目高水平推进的"双赢"。

4.4　技术创新

4.4.1　技术创新策划

作为浙江省第一条穿越城区市域的高速公路，义东项目本身就是一个技术创新、突破传统、承上启下的高速公路建设里程碑，必然会面临众多的技术难题且无成熟经验可供直接借鉴，科研先行和自主创新是唯一的解决办法。

对于有限城市空间下宽幅高速公路主线桥的断面形式、特长隧道入口与省道的三层交叉、公路隧道下穿高铁隧道交叉段结构安全以及交通组织等技术难点，通过集思广益,汇集全省工程技术人才和交通运输行业的资深专家组成项目专家委员会,共同为技术攻关出谋划策。此外,针对行业技术瓶颈问题,依托省部级科研项目,有针对性进行科技攻关,使设计与施工紧密结合、相互促进,实现城区高速公路桥梁"标准化、工厂化、装配化"以及特长交叉隧道结构和施工的安全。同时,项目作为首批浙江省交通工程数字化改革试点项目,结合自身特点,从工程设计创新、课题研究创新、工艺技术创新三大方面,助力信息化工地建设,实现品质工程"智慧项目"创建目标。

4.4.2 工程设计创新

4.4.2.1 加强型组合箱梁应用

首次在浙江省高速公路项目采用加强型组合箱梁。小箱梁因具有较大的截面抗扭刚度、较好的行车舒适性和经济性,因而在中小跨径桥梁中得到广泛的应用。但工程实践发现:小箱梁断面易出现各种裂缝病害,原因各不相同,综合起来,主要原因有结构抗弯能力不足、抗剪能力不足、箱梁腹板薄且箍筋间距大(无法限制裂缝发展)、局部钢筋配置不足、施工方法不合理、温度应力考虑不足等。项目基于常规小箱梁病害调研分析,提出中箱梁原型设计,对25~35m跨径中箱梁合理截面、空间受力特性、施工工艺等内容进行适应性优化,解决常规小箱梁裂缝质量通病,形成加强型中箱梁。

4.4.2.2 降噪伸缩缝选型

为降低通行噪声,义东项目高架桥采用降噪伸缩缝。为此,组织了三种降噪伸缩装置类型(单元式多向变位梳形板桥梁伸缩装置、加强型无螺栓梳齿式伸缩装置、多向可转动型伸缩装置,见图4.4-1、图4.4-2)的专家咨询会,对三种类型伸缩缝的优缺点进行了充分的分析讨论,确定其应用部位并提出结构优化措施,见表4.4-1。

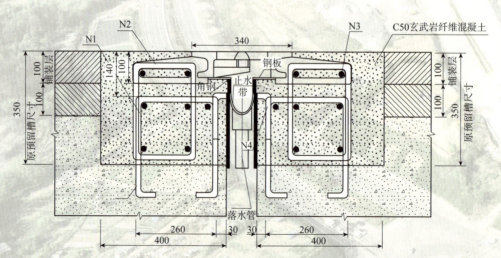

图4.4-1 80型梳齿减振降噪伸缩装置安装构造图(尺寸单位:mm)

第4章 管理创新

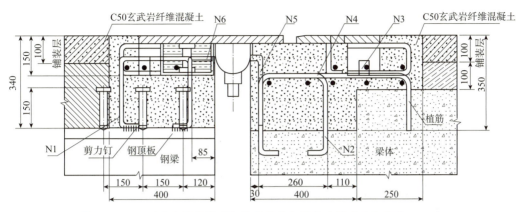

图 4.4-2 160型多向变位梳形板伸缩装置安装构造图（尺寸单位：mm）

三种降噪伸缩缝优缺点及适用部位　　　　表 4.4-1

类型	优点	缺点	适用部位	优化措施
单元式多向变位梳形板桥梁伸缩装置	泌水性好，易更换，维修更换影响小	施工精度要求高	竖向转角较大的钢混组合梁等大跨径桥梁	
加强型无螺栓梳齿式伸缩装置	耐久性高，使用寿命长，无焊接且无螺栓连接，降噪性能优异，性价比高，质量保证承诺期长	新型产品，应用案例略少，转动性能稍差	竖向转角不大的桥梁（交通运输部交通运输重大科技创新成果库科技成果推广项目，2021TG023）	对止水橡胶条进行适当改进，提高耐久性
多向可转动型伸缩装置	伸缩量大，防水性能良好	降噪性能较低，更换难度大，整体性欠佳		

4.4.3 基于3D定位扫描的混凝土桥面数字精铣刨技术

国内桥梁工程的桥面多采用水泥混凝土与沥青混凝土的双结构层。工程实践表明，水泥混凝土桥面上的浮浆、起砂和凹凸会直接造成桥面防水层以及面层的损坏。目前，对此问题的治理方法主要有两种，分别是路面表面的抛丸法和铣刨法，多采用固定铣刨厚度的施工方法，其平整度往往受原桥面施工平整度的限制，无法实现高程平整度或横坡的调整功能。为此，义东项目通过科研攻关，开发了基于3D定位扫描的混凝土桥面数字精铣刨施工工法，实现了桥面平整度的动态调整，极大地提高了桥面平整度和桥面横坡的合格率。

4.4.3.1 工艺原理

基于3D定位扫描技术，配备数字精铣刨系统，包括RD-M1扫描系统与RD-MC铣刨系统。RD-M1扫描系统采用三维激光扫描技术、卫星差分定位系统、车轮编码器辅助定位技术，每次可扫描100个水泥桥面铺装断面，每个断面扫描286个点。数据实时发送至 Magnet Collage 点云软件，快速获取其平面位置、相对高程、初始平整度，通过 Magnet Construction 道路设计软件处理，结合人工调整生成断面预铣刨数据。铣刨时，内置的 RD-MC 铣刨系统获取预铣刨断面数据，并结合同源差分的全球定位系统坐标数据，以此控制铣刨鼓的自动升降，达到变量铣刨（铣刨深度变化）的目的，其定位精度控制在毫米级别，见图 4.4-3。

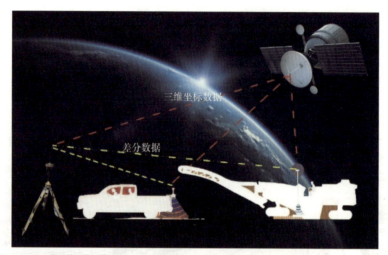

图 4.4-3　基于 3D 定位扫描的混凝土桥面精铣刨技术原理

4.4.3.2　数据采集

安装 RD-M1 扫描系统，项目现场附近架设 GNSS 基站采集静态数据，用于提供差分数据，以精确获取扫描路段的坐标。将车轮编码器安装在皮卡车后方，获取车辆行驶距离，能够辅助定位，见图 4.4-4、图 4.4-5。

图 4.4-4　基站架设　　　　　　　图 4.4-5　RD-M1 扫描系统工作

开启 RD-M1 扫描系统的 LiDAR 扫描功能，将速度控制在约 40km/h，每秒扫描横断面 100 次，每秒扫描 28600 点，单趟扫描 3.5m 左右宽度的点源数据（根据具体桥面宽度确定扫描往返趟数），重复扫描 3 次，以校准扫描点的准确性。采集 1km 的高精度路面数据约需 30min。

4.4.3.3 数据生产及处理

数据通过以太网传输到计算机进行处理。数据实时传输至 Magnet Collage 点云处理软件，自动匹配车辆的运动轨迹，生成扫描出来的桥面数据点云图，编辑和删除不必要的点，调整点密度，为道路建模分析打下基础。根据各点的相对高程，可以输出桥面的平整度、横坡度等数据，见图 4.4-6、图 4.4-7。

图 4.4-6　桥面平整度输出

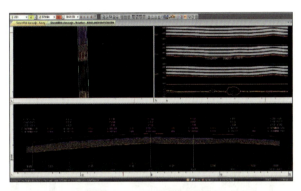

图 4.4-7　桥面纵横坡调整

将处理后的数据输入 Magnet Construction 道路设计软件，人为对部分预铣刨断面进行调整，保证一次性铣刨混凝土面切削深度控制在 2~5mm。

4.4.3.4　RD-MC 铣刨系统安装

安装 RD-MC 铣刨系统，该系统由 PG-S3 GNSS 天线、MC-R3 接收机（图 4.4-8）、GX-60 控制箱（图 4.4-9）组成。PG-S3 GNSS 天线用于精准定位铣刨机的平面位置及高程。MC-R3 接收机将获取的平面位置、高程数据转化后输出给 GX-60 控制箱，同时可将 GX-60 控制箱命令转化用于控制铣刨鼓升降。

GX-60 控制箱用于输入铣刨机参数、预断面数据可视化转化、实时铣刨数据显示和调整，安装在驾驶室或者下方靠近左侧边控盒的位置。

测量铣刨机及系统传感器的相对位置关系，建立铣刨机模型数据，并做好调试和系统校准，见图 4.4-10。

图 4.4-8　铣刨机作业

图 4.4-9　刀头与预铣刨面差值

图 4.4-10　MC-R3 接收机

4.4.3.5 铣刨作业

采用扫描时相同位置的 GNSS 基站,将经设计软件处理后的数据导入自动控制系统,铣刨机即可自动识别当前位置和对应位置的铣刨深度。铣刨机停车,缓慢下降铣刨鼓至铣刨深度,直至 GX-60 控制箱显示的调整值为 0,说明铣刨刀头与预铣刨面贴合,进行铣刨作业,见图 4.4-11、图 4.4-12。作业时对行驶速度进行控制,平均作业速度为 10~15m/min。铣刨机两次施工作业面之间搭接长度为 5~10cm,以保证铣刨处理后的表面平整度,防止出现错台或漏铣等缺陷。

采用系统配套的 RTK 流动站进一步核对当前铣刨位置和铣刨深度的匹配关系,获取精确的传感器校准值,并根据需要进行毫米级微调。抛丸一遍后及时检测集料外露程度和表面粗糙度,并调整铣刨速度。对露骨率较低的区块以及边部难以铣刨的地方采用小型铣刨机进行补充铣刨,确保上覆防水黏结层有效粘接。

铣刨机后立即用扫地机进行清扫,配合人工清除桥面的粉尘和弃料。局部段落用高压水枪冲洗,直至表面干净、无杂物,见图 4.4-13。

图 4.4-11　GX-60 控制箱　　　图 4.4-12　铣刨机参数调整　　　图 4.4-13　扫地机清扫

4.4.4　智慧梁场

指挥部突破常规、管理前移,秉承"临时工程标准设计、永久工程标准施工"理念,主导临建工程"一点一方案"的专项施工图设计及施工,以科学布局让品质工程"赢在起跑线":141 亩的极限土地上综合集成了预制厂、钢筋厂、拌和站、碎石加工厂等"六集中"场站,最大程度实现了资源节约、绿色生态。

梁场采用全封闭式智慧化预制梁厂。为将中箱梁预制建造施工打造成浙江省乃至全国样板工程,充分体现工程管理水平提升效果,形成义东高速品质工程创建亮点,预制厂建设以"集约、实用、精密"为指导思想,集工厂化、机械化、智能化、信息化、全天候一体化于一身,按照"两区三厂"建设标准,推进场站标准化建设,实现从"野外露天现场"到"全封闭式工厂"的转变,利用工序智慧管控系统、存梁区可视化及智能存找梁系统、实时动态监测系统进行预制厂的智慧化管控。主要表现为通过智慧梁厂综合看板、梁板生产工序智慧管控系统、智慧养生系统、梁板智慧仓储管控系统、实时上传张拉质量关键数据的智能张拉压浆系统等，实现梁板制作全过程、全方位、可视化的智慧管控。

4.4.4.1 梁板生产工序智慧管控系统

通过智能触摸一体机或手机 App 实现各制梁台座工序节点一键确认，同时为每道工序设置预警时效提醒，提高制梁调度管理及生产效率，可同步实现混凝土浇筑、智能张拉压浆等数据实时上传，实现数据共享和质量保证资料数字化，见图 4.4-14、图 4.4-15。

图 4.4-14　工序智慧管控系统　　　　图 4.4-15　质量保证资料系统手机端

4.4.4.2 智慧养生系统

通过主控台或手机 App，智能调整梁板的自动喷淋养护时间、养护间隔，确保梁板养护到位，提升梁板品质，见图 4.4-16、图 4.4-17。

图 4.4-16　智能喷淋示意图　　　　图 4.4-17　智能喷淋手机端控制示意图

4.4.4.3 智能张拉压浆系统

实时监控张拉应力、伸长量、压浆量、压浆压力等关键质量数据，并实时上传，关联质量保证资料数字化系统，见图 4.4-18。

a) 智能张拉

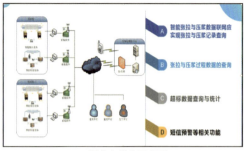

b) 预应力管控示意图

c) 张拉数据查询

d) 智能压浆

e) 压浆数据查询

图 4.4-18　智能张拉压浆

4.4.5　沥青玛蹄脂碎石混合料（SMA）面层玄武岩细集料应用

为探索玄武岩细集料在沥青 SMA 面层中的应用，义东项目牵头科研和施工单位进行了相关室内试验、目标配合比设计、试验段等工作，开展了基于不同岩性细集料的 SMA-13 混合料性能试验，进行玄武岩细集料在沥青 SMA 面层的路用性能验证。

4.4.5.1　室内试验开展

传统观点认为玄武岩是弱酸性石料，应用玄武岩细集料的沥青混合料在水稳定性方面存在一定劣势,为此义东项目对浙江省内的丽水矿和嵊州矿玄武岩母岩的构造、矿物成分等进行了室内试验和分析。

1)岩石性能分析

按照克罗斯分类法,根据岩石中 SiO_2 含量将石料划分为酸性石料（SiO_2 含量大于 65%）、中性石料（SiO_2 含量介于 52%~65%）、基性碱性石料（SiO_2 含量介于 45%~52%）和超基性碱性石料（SiO_2 含量小于 45%）,见图 4.4-19。

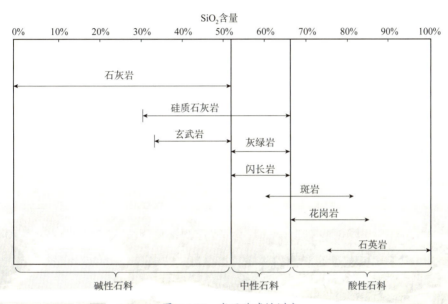

图 4.4-19　岩石酸碱性划分

丽水矿和嵊州矿玄武岩母岩的构造、矿物成分等分析结果见表 4.4-2；母岩的化学成分分析结果见表 4.4-3。

丽水矿和嵊州矿母岩矿物成分　　表 4.4-2

性能	丽水矿玄武岩	嵊州矿玄武岩
结构/构造	基质具间粒结构的斑状结构	基质具间粒结构的斑状结构
矿物成分	斑晶：斜长石（20%~25%）、辉石（8%~15%）。基质：斜长石、辉石、磁铁矿等	斑晶：橄榄石、辉石。基质：斜长石、辉石、磁铁矿等
镜下描述	岩石具斑状结构，斑晶主要见斜长石、辉石。斜长石斑晶呈板状，单偏光下无色，正低突起，部分见熔蚀麻点结构，干涉色Ⅰ级灰白，多见环带构造、聚片双晶、卡钠复合双晶等。辉石呈短柱-粒状，单偏光下呈浅褐色，可见两组近正交的完全解理，正高突起。基质中斜长石微晶约占基质的50%~60%，呈细长的长条状，无规则排列，形成许多棱角状孔隙，微粒状的辉石、磁铁矿等物质充填在孔隙中，形成间粒结构	岩石具斑状结构，斑晶含量约25%~30%，主要见橄榄石，辉石次之。橄榄石斑晶无色，大小约0.5~2mm，呈粒状，多见裂纹，平行消光，部分蛇纹石化。辉石斑晶呈淡褐色，粒径约0.5~1mm，多呈粒状，可见两组完全解理。基质具间粒结构，可见大量斜长石针柱状微晶（粒径约0.01~0.03mm）不规则杂乱排列，构成棱角状孔隙，其间夹杂有辉石、磁铁矿不规则状小微粒等

丽水矿和嵊州矿母岩化学成分分析结果　　　　　　表 4.4-3

化学成分	嵊州矿玄武岩	丽水矿玄武岩
SiO_2	50.98%	52.60%
Al_2O_3	13.02%	15.97%
FeO	7.80%	5.87%
CaO	8.17%	7.05%
K_2O	1.40%	2.38%
Na_2O	3.60%	3.42%
MgO	6.92%	3.55%
MnO	0.16%	0.19%
P_2O_5	0.42%	0.66%
TFe_2O_3	11.94%	10.59%
TiO_2	2.26%	2.06%
烧失量	0.82%	1.31%
硫酸盐及硫化物	<0.1%	<0.1%

由表 4.4-3 可知：嵊州矿玄武岩 SiO_2 含量约 51%，丽水矿玄武岩 SiO_2 含量约 52%，根据克罗斯分类法，嵊州矿玄武岩为基性碱性石料，丽水矿玄武岩介于基性碱性石料和中性石料之间。

2）细集料黏附性能评价

现行黏附性评价方法为水煮法，一般用于粗集料评价，与沥青混合料的路用性能并未直接关联，仅限于定性评价，无法定量分析。研究表明，基于表面能理论从沥青、集料表面的角度分析二者之间黏附性能具有良好的相关性，能准确定量评价不同沥青、不同集料间黏附性的优劣。为此，开展了基于表面能的细集料黏附性能试验，试验结果见图 4.4-20、图 4.4-21。

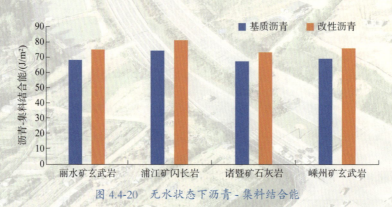

图 4.4-20　无水状态下沥青-集料结合能

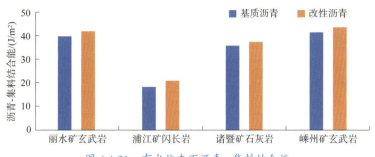

图 4.4-21 有水状态下沥青-集料结合能

试验结果表明：无水状态下，玄武岩与沥青的黏附性能与石灰岩相似；有水状态下，玄武岩与沥青的黏附性能优于石灰岩。

3）混合料性能对比试验

基于 SMA-13 沥青混合料开展性能对比试验，采用的矿粉、纤维及改性沥青均取自义东项目，玄武岩粗集料、玄武岩细集料和石灰岩细集料各原材料基本信息见表 4.4-4。

性能对比试验原材料基本信息　　　　表 4.4-4

样品名称	规格
粗集料（玄武岩）	9.5~16mm，4.75~9.5mm
细集料（玄武岩）	0~2.36mm
细集料（石灰岩）	0~2.36mm
矿粉	0~0.6mm
改性沥青	壳牌 SBS 改性沥青
木质素纤维	—

进行 SMA-13 配合比设计。为了充分对石灰岩细集料与玄武岩细集料进行比较，粗集料、矿粉、改性沥青及纤维均采用同种材料。

（1）原材料试验结果

各档集料、矿粉试验筛分结果见表 4.4-5，各矿料密度检测结果见表 4.4-6。

各矿料筛分结果　　　　表 4.4-5

集料规格	矿料级配通过下列筛孔的质量百分率									
	16mm	13.2mm	9.5mm	4.75mm	2.36mm	1.18mm	0.6mm	0.3mm	0.15mm	0.075mm
9.5~16mm	100.0%	76.1%	9.6%	0.6%	0.2%	0.2%	0.2%	0.2%	0.2%	0.2%
4.75~9.5mm	—	100.0%	87.6%	5.2%	0.2%	0.2%	0.2%	0.2%	0.2%	0.2%
0~2.36mm（玄武岩）	—	—	100.0%	100.0%	82.6%	52.6%	35.6%	22.8%	17.6%	11.3%
0~2.36mm（石灰岩）	—	—	100.0%	100.0%	86.3%	56.0%	34.2%	24.4%	17.0%	11.0%
矿粉	—	—	—	—	—	—	100.0%	98.2%	95.1%	84.4%

各矿料密度检测结果　　　　　　　　　　　　　　　　表 4.4-6

材料规格名称	表观相对密度	毛体积相对密度
9.5~16mm	2.817	2.745
4.75~9.5mm	2.822	2.737
0~2.36mm（玄武岩）	2.797	2.703
0~2.36mm（石灰岩）	2.730	2.667
矿粉	2.659	—
沥青相对密度（25℃）	1.030	
木质素纤维密度	1.018	

对玄武岩细集料和石灰岩细集料的试验结果进行对比分析，结果见表4.4-7，可以看出玄武岩细集料吸水率略大于石灰岩细集料，石灰岩细集料亚甲蓝值指标优于玄武岩细集料，但两种细集料检测指标均符合规范及设计要求。

玄武岩细集料与石灰岩细集料原材料试验结果　　　　　　表 4.4-7

试验参数		单位	技术指标	试验结果	
				玄武岩细集料	石灰岩细集料
密度	表观相对密度	—	≥ 2.6	2.797	2.703
	毛体积相对密度	—	—	2.730	2.667
吸水率		—	—	1.41%	0.86%
亚甲蓝值		g/kg	≤ 6	2.5	1.0
坚固性		—	≤ 12	3%	3%
砂当量		—	—	70%	65%
棱角性		s	≥ 30	37.8	35.4

（2）合成级配及配合比对比

玄武岩细集料和石灰岩细集料的各材料用量、合成级配及最佳油石比见表4.4-8，级配见表4.4-9，可以得出：采用玄武岩细集料进行配合比设计时，相比石灰岩细集料混合料，两者的合成级配无明显区别，油石比基本相同。

配合比设计材料用量　　　　　　　　　　　　　　　　表 4.4-8

混合料类型	油石比	木质素纤维用量	矿料名称及比例			
			粗集料（9.5~16.0mm）	粗集料（4.75~9.5mm）	细集料（0~2.36mm）	矿粉（0~0.6mm）
SMA-13（石灰岩细集料）	6.0%	0.30%	44.0%	31.0%	15.0%	10.0%
SMA-13（玄武岩细集料）	6.0%	0.30%	44.0%	32.0%	14.0%	10.0%

续上表

混合料类型	油石比	木质素纤维用量	矿料名称及比例			
			粗集料（9.5~16.0mm）	粗集料（4.75~9.5mm）	细集料（0~2.36mm）	矿粉（0~0.6mm）
SMA-13（石灰岩细集料）	6.0%	0.35%	44.0%	31.0%	15.0%	10.0%
SMA-13（玄武岩细集料）	6.1%	0.35%	44.0%	32.0%	14.0%	10.0%

配合比设计合成级配 表 4.4-9

混合料类型	矿料级配通过下列筛孔的质量百分率									
	16.0mm	13.2mm	9.5mm	4.75mm	2.36mm	1.18mm	0.6mm	0.3mm	0.15mm	0.075mm
SMA-13（石灰岩细集料）	100.0%	92.6%	60.3%	27.5%	22.8%	18.3%	15.7%	13.8%	12.5%	10.2%
SMA-13（玄武岩细集料）	100.0%	92.6%	60.3%	26.6%	22.5%	18.3%	15.2%	13.8%	12.2%	10.1%

（3）马歇尔体积指标对比

玄武岩细集料和石灰岩细集料的马歇尔体积指标对比见表4.4-10，可以看出：采用玄武岩细集料成型的马歇尔试件密度会略微偏大，其余各指标无明显差别，均符合规范及设计要求。

马歇尔体积指标对比 表 4.4-10

混合料类型	体积指标									
	纤维掺量	油石比	毛体积相对密度	空隙率	矿料间隙率	饱和度	马歇尔稳定度（kN）	流值（0.1mm）	理论最大相对密度	粗集料松装间隙率 VCA_{DRC}	粗集料骨架间隙率 VCA_{mix}
SMA-13（玄武岩）	0.30%	6.0%	2.425	4.0%	16.5%	76.2%	11.19	37.25	2.525	41.7%	37.6%
SMA-13（石灰岩）	0.30%	6.0%	2.414	4.0%	16.6%	76.0%	10.88	40.12	2.515	40.3%	39.6%
SMA-13（玄武岩）	0.35%	6.1%	2.420	4.1%	16.7%	75.8%	10.85	36.55	2.523	41.7%	37.6%
SMA-13（石灰岩）	0.35%	6.0%	2.412	4.0%	16.5%	76.1%	11.37	36.71	2.513	40.3%	39.6%
技术要求	—	—	—	3%~4.5%	≥16.5%	70%~85%	≥6	20~50	—	VCA_{DRC} ≥ VCA_{mix}	

（4）性能试验结果对比

玄武岩细集料和石灰岩细集料的性能试验结果对比见表4.4-11，从表中可以看出，两者偏差不大且均满足规范及设计要求。

性能试验结果对比　　　　　　　　　　　　　　　　　表 4.4-11

混合料类型	马歇尔稳定度（浸水残留稳定度）	冻融劈裂试验强度比	动稳定度（60℃）（次/mm）	谢伦堡沥青析漏试验的结合料损失	肯塔堡飞散试验的混合料损失
SMA-13（玄武岩，纤维掺量0.30%）	94.4%	90.3%	9104	0.06%	3.3%
SMA-13（石灰岩，纤维掺量0.30%）	91.9%	88.6%	8290	0.09%	5.8%
SMA-13（玄武岩，纤维掺量0.35%）	93.3%	89.8%	8317	0.04%	4.6%
SMA-13（石灰岩，纤维掺量0.35%）	93.6%	89.2%	8755	0.06%	3.5%
技术要求	≥85.0%	≥80.0%	≥3500	≤0.10%	≤15.0%

综上，基于玄武岩细集料的 SMA 沥青混合料性能指标均能满足规范及设计要求，采用玄武岩细集料与石灰岩细集料的沥青混合料性能无明显差异，玄武岩细集料可用于沥青 SMA 面层。

4.4.5.2 目标配合比

1）沥青面层结构

义东项目沥青面层主要结构层为：主线及枢纽匝道采用 4cm 细粒式改性沥青玛琋脂碎石（SMA-13）+6cm 中粒式改性沥青混凝土（Sup-20）+8cm 粗粒式改性沥青混凝土（Sup-25），高架桥桥面铺装采用 4cm 细粒式改性沥青玛琋脂碎石（SMA-13）+6cm 中粒式改性沥青玛琋脂碎石（SMA-16），隧道路面、一般互通匝道及连接线路面采用 4cm 细粒式改性沥青玛琋脂碎石（SMA-13）+6cm 中粒式改性沥青混凝土（Sup-20）。中面层 SMA-16 沥青混合料约 3.04 万 t，上面层 SMA-13 沥青混合料约 3.99 万 t，其中玄武岩细集料 SMA-13、SMA-16 沥青混凝土约 4500t。

2）粗细集料加工方式

料场场地采用混凝土硬化，生产线采用大棚全封闭；每档料设独立的储料仓，防止生产过程中的串料现象。加工方式采用"3221"加工工艺（3级破碎、2种工艺、2级筛分、1级整形），最后通过振动筛分档至成品料，见图 4.4-22。

3）中面层 SMA-16（玄武岩细集料）配合比设计

（1）原材料检测

集料检测：中面层集料分 0~2.36mm、4.75~9.5mm、9.5~19mm 三档；对粗集料进行石料压碎值、洛杉矶磨耗损失、表观相对密度、吸水率、坚固性、与沥青黏附性、针片状颗粒含量和软石含量等检测；对细集料进行表观相对密度、坚固性、亚甲蓝值、棱角性、砂当量和压碎指标等检测，并进行集料筛分试验。

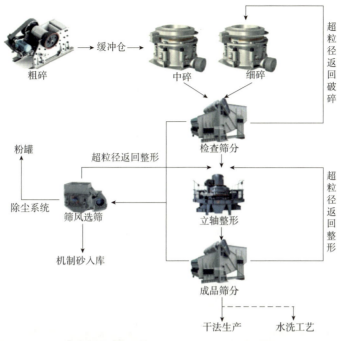

图 4.4-22 集料加工工艺

沥青检测：按常规进行 SBS[①] 改性沥青针入度、针入度指数、延度、软化点、布氏旋转黏度、闪点、溶解度（三氯乙烯）、弹性恢复、储存稳定性离析、48h 软化点差、RTFOT[②] 后残留物和相对密度等指标的检测。

矿粉及外加剂检测：按规范对矿粉及木质素纤维进行相应的物理指标检测。

（2）配合比设计内容

①混合料级配范围。根据义东项目两阶段设计图纸的级配要求，SMA-16 沥青混合料设计级配范围见表 4.4-12。

SMA-16 沥青混合料设计级配范围　　　　　　表 4.4-12

筛孔	通过下列筛孔的质量百分率										
	19.0mm	16.0mm	13.2mm	9.5mm	4.75mm	2.36mm	1.18mm	0.6mm	0.3mm	0.15mm	0.075mm
上限	100%	100%	85%	65%	32%	24%	22%	18%	15%	14%	12%
下限	100%	90%	65%	45%	20%	15%	14%	12%	10%	9%	8%

②矿料配合比设计计算。根据矿料筛分结果，结合混合料级配要求和设计经验，首先确定粗、中、细三种级配，木质素纤维掺量为沥青混合料总量的 0.3%，根据工程经验经多次调整后，确定级配的初始沥青用量为 5.70%，然后用初始沥青用量进行马歇尔试

---

① SBS 指苯乙烯-丁二烯-苯乙烯三嵌段共聚物。
② RTFOT（Rolling Thin Film Oven Test）是一种沥青稳定性测试方法，指在相对较低的温度下（约 163℃）将沥青样品加热 1h，然后测试其黏度和质量损失等，主要用于评估沥青的短期稳定性和低温韧性。

件成型,按设计要求双面各击实75次,击实温度为175℃。矿料混合料设计级配组成见表4.4-13,设计级配曲线图见图4.4-23。

矿料混合料设计级配组成　　　　　　　　　　　　　　　表4.4-13 a)

矿料名称及规格		碎石 (9.5~19mm)	碎石 (4.75~9.5mm)	机制砂 (0~2.36mm)	矿粉 (0~0.6mm)
掺配率	级配1	47.0%	32.0%	11.0%	10.0%
	级配2	43.0%	33.0%	14.0%	10.0%
	级配3	39.0%	35.0%	16.0%	10.0%

矿料混合料设计级配组成　　　　　　　　　　　　　　　表4.4-13 b)

级配类型	矿料级配通过下列筛孔的质量百分率										
	19.0mm	16.0mm	13.2mm	9.5mm	4.75mm	2.36mm	1.18mm	0.6mm	0.3mm	0.15mm	0.075mm
级配1	100.0%	93.9%	75.5%	53.0%	24.8%	19.8%	16.2%	14.0%	12.7%	11.7%	9.7%
级配2	100.0%	94.5%	77.6%	56.7%	27.9%	22.2%	17.8%	15.0%	13.2%	12.2%	10.1%
级配3	100.0%	95.0%	79.7%	60.3%	30.1%	23.8%	18.8%	15.6%	13.6%	12.5%	10.3%

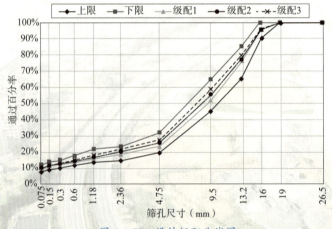

图4.4-23　设计级配曲线图

③试验级配的评价。三种初试级配的沥青混合料各体积指标分析结果见表4.4-14。根据各组体积分析结果、工程气候条件和以往施工经验,选定级配2作为设计级配。

初试级配的沥青混合料各体积指标分析结果　　　　　　　　表4.4-14

级配类型	体积指标									
	沥青用量	毛体积相对密度	空隙率	矿料间隙率	饱和度	马歇尔稳定度(kN)	流值(mm)	理论最大相对密度	粗集料松装间隙率VCA_{DRC}	粗集料骨架间隙率VCA_{mix}
级配1	5.70%	2.401	4.9%	17.3%	71.7%	10.52	2.39	2.525	42.9%	38.1%
级配2	5.70%	2.425	3.9%	16.4%	76.1%	11.67	2.86	2.524	42.4%	40.1%

续上表

级配类型	体积指标									
	沥青用量	毛体积相对密度	空隙率	矿料间隙率	饱和度	马歇尔稳定度（kN）	流值（mm）	理论最大相对密度	粗集料松装间隙率 VCA_{DRC}	粗集料骨架间隙率 VCA_{mix}
级配3	5.70%	2.443	3.2%	15.8%	79.8%	10.74	3.28	2.524	41.9%	41.4%
技术要求	—	—	3%~4.5%	≥16.5%	70%~85%	≥6.00	2~5	—	VCA_{DRC} ≥ VCA_{mix}	

④选择设计级配的最佳沥青用量。按选定级配2设计比例配料，采用三种沥青用量进行马歇尔试验，根据三种沥青用量下的马歇尔试验结果确定最佳沥青用量为5.70%。

⑤最佳沥青用量下沥青混合料的各体积指标分析。表4.4-15表明，选设计级配2的沥青混合料进行最佳沥青用量验证，各项体积指标符合技术要求。

最佳沥青用量混合料的各体积指标分析结果　　表4.4-15

级配类型	体积指标									
	沥青用量	毛体积相对密度	空隙率	矿料间隙率	饱和度	马歇尔稳定度（kN）	流值（mm）	理论最大相对密度	粗集料松装间隙率 VCA_{DRC}	粗集料骨架间隙率 VCA_{mix}
SMA-16	5.70%	2.422	4.0%	16.5%	75.6%	11.70	2.95	2.524	42.4%	40.1%
技术要求	—	—	3%~4.5%	≥16.5%	70%~85%	≥6	2~5	—	VCA_{DRC} ≥ VCA_{mix}	

（3）配合比设计结果

根据集料、矿粉、沥青、木质素纤维等原材料数据，按照设计标准进行室内配合比设计，木质素纤维掺量为沥青混合料总量的0.3%，得到的设计最佳沥青用量为5.70%。通过沥青混合料的马歇尔试验可知混合料各体积指标及性能指标均符合设计要求，可作为项目生产配合比的设计依据。设计沥青用量及矿料比例见表4.4-16。

SMA-16（玄武岩细集料）目标配合比设计沥青用量及矿料比例　　表4.4-16

沥青用量	矿料名称及比例			
	碎石（9.5~19mm）	碎石（4.75~9.5mm）	机制砂（0~2.36mm）	矿粉（0~0.6mm）
5.70%	43.0%	33.0%	14.0%	10.0%

注：木质素纤维掺量为沥青混合料总量的0.3%。

4）上面层SMA-13（玄武岩细集料）目标配合比设计

（1）原材料检测

集料检测：上面层集料分0~2.36mm、4.75~9.5mm、9.5~16mm三档，粗集料的检测项目同中面层指标，增加磨光值检测；细集料检测项目与中面层相同。

沥青检测、矿粉及外加剂检测项目与中面层相同。

（2）配合比设计内容

①混合料级配范围。根据义东项目两阶段设计图纸的级配要求，SMA-13沥青混合料设计级配范围见表4.4-17。

SMA-13沥青混合料设计级配范围   表4.4-17

筛孔尺寸	通过百分率（%）								
	16.0	13.2	9.5	4.75	2.36	1.18	0.6	0.3	0.15	0.075
上限	100%	100%	75%	34%	26%	24%	20%	16%	15%	12%
下限	100%	90%	50%	20%	15%	14%	12%	10%	9%	8%

②矿料配合比设计计算。参照中面层SMA-16进行矿料配合比设计，矿料混合料设计级配组成见表4.4-18，设计级配曲线见图4.4-24。

矿料混合料设计级配组成   表4.4-18 a）

矿料名称及规格		碎石 （9.5~16mm）	碎石 （4.75~9.5mm）	机制砂 （0~2.36mm）	矿粉 （0~0.6mm）
掺配率	级配1	45.5%	34.0%	10.5%	10.0%
	级配2	42.0%	34.5%	13.5%	10.0%
	级配3	38.5%	35.0%	16.5%	10.0%

矿料混合料设计级配组成   表4.4-18 b）

级配类型	矿料级配通过下列筛孔的质量百分率（%）									
	16.0mm	13.2mm	9.5mm	4.75mm	2.36mm	1.18mm	0.6mm	0.3mm	0.15mm	0.075mm
级配1	100%	90.2%	55.0%	24.7%	19.3%	15.9%	13.8%	12.5%	11.6%	9.6%
级配2	100%	90.9%	58.2%	27.8%	21.8%	17.5%	14.8%	13.1%	12.1%	10.0%
级配3	100%	91.7%	61.4%	30.8%	24.2%	19.0%	15.7%	13.7%	12.6%	10.3%

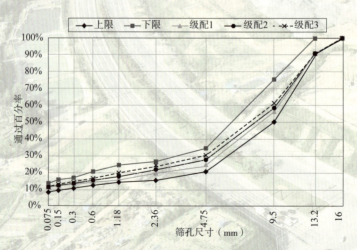

图4.4-24　设计级配曲线图

③试验级配的评价。三种初试级配的沥青混合料各体积指标分析结果见表4.4-19。根据各组体积分析结果、工程气候条件和以往施工经验,选定级配2作为设计级配。

初试级配的沥青混合料各体积指标分析结果   表4.4-19

级配类型	体积指标									
	沥青用量	毛体积相对密度	空隙率	矿料间隙率	饱和度	马歇尔稳定度（kN）	流值（mm）	理论最大相对密度	粗集料松装间隙率 VCA_{DRC}	粗集料骨架间隙率 VCA_{mix}
级配1	5.80%	2.396	5.0%	17.4%	71.6%	12.59	2.80	2.521	42.7%	38.1%
级配2	5.80%	2.419	4.0%	16.6%	75.9%	11.38	3.20	2.520	42.2%	40.0%
级配3	5.80%	2.439	3.2%	15.8%	79.8%	10.05	3.79	2.520	41.7%	42.1%
技术要求	—	—	3%~4.5%	≥16.5%	70%~85%	≥6	2~5	—	$VCA_{DRC} \geq VCA_{mix}$	

④选择设计级配的最佳沥青用量。按选定级配2设计比例配料,采用三种沥青用量进行马歇尔试验,设计级配合成毛体积相对密度为2.732,合成表观相对密度为2.802。根据三种沥青用量下的马歇尔试验结果确定最佳沥青用量为5.80%。

⑤最佳沥青用量下沥青混合料的各体积指标分析。表4.4-20表明,选设计级配2的沥青混合料进行最佳沥青用量验证,各项体积指标符合技术要求。

最佳沥青用量混合料的各体积指标分析结果   表4.4-20

混合料类型	沥青用量	毛体积相对密度	理论最大相对密度	空隙率	矿料间隙率	饱和度	马歇尔稳定度（kN）	流值（mm）
SMA-13	5.50%	2.411	2.532	4.8%	16.6%	71.2%	10.02	2.95
	5.80%	2.420	2.520	3.9%	16.6%	76.3%	11.54	3.38
	6.10%	2.426	2.509	3.3%	16.6%	80.1%	10.48	3.86
设计要求	—	—	—	3%~4.5%	≥16.5%	70%~85%	≥6	2~5

⑥混合料性能指标验证。按照选定级配2,进行最佳沥青用量下的马歇尔稳定度(浸水残留稳定度)、冻融劈裂试验强度比、动稳定度(60℃)、谢伦堡析漏、肯塔堡飞散、弯曲试验(-10℃)等性能试验,试验结果均满足设计要求。试验结果见表结果4.4-21。

最佳沥青用量下的各性能指标检验   表4.4-21

混合料类型	马歇尔稳定度（浸水残留稳定度）	冻融劈裂试验残留强度比	动稳定度（60℃）（次/mm）	谢伦堡沥青析漏试验的结合料损失	肯塔堡飞散试验的混合料损失	弯曲试验（-10℃最大弯拉应变）（με）	渗水系数（mL/min）
SMA-13	92.3%	90.4%	>6000	0.084%	4.0%	5099	6
技术要求	≥85%	≥80%	≥3500	≤0.1%	≤15%	≥2500	≤60

根据集料、矿粉、沥青、木质素纤维等原材料数据，按照设计标准进行室内配合比设计，木质素纤维掺量为沥青混合料总量的0.3%，得到的设计最佳沥青用量为5.80%。通过沥青混合料的马歇尔试验可知混合料各体积指标及性能指标均符合设计要求，可作为项目生产配合比的设计依据。设计沥青用量及矿料比例见表4.4-22。

SMA-13目标配合比设计沥青用量及矿料比例　　　　表4.4-22

沥青用量	矿料名称及比例			
	碎石（9.5~16mm）	碎石（4.75~9.5mm）	机制砂（0~2.36mm）	矿粉（0~0.6mm）
5.80%	42.0%	34.5%	13.5%	10.0%

注：木质素纤维掺量为沥青混合料总量的0.3%。

5）试验内容和方法

细集料原材料试验见表4.4-23；沥青混合料室内试验见表4.4-24；沥青混合料现场测试内容（以三车道为例）见表4.4-25。

细集料原材料试验　　　　表4.4-23

试验内容	指标	试验方法	备注
筛分	S16	T 0327—2005 细集料筛分试验	—
表观相对密度	不小于2.60	T 0328—2005 细集料表观密度试验（容量瓶法）	—
亚甲蓝值	不大于6g/kg	T 0349—2005 细集料亚甲蓝试验	—
棱角性	不小于30	T 0345—2005 细集料棱角性试验（流动试验法）	—
砂当量	—	T 0334—2005 细集料砂当量试验	—

沥青混合料室内试验　　　　表4.4-24

试验内容	指标	试验方法	备注
沥青含量	满足生成配合比要求	T 0722—1993 沥青混合料中沥青含量试验（离心分离法）	每日不少于2次
矿料级配	满足生成配合比要求	T 0725—2000 沥青混合料的矿料级配检验方法	每日不少于2次
毛体积相对密度	—	T 0705—2011 压实沥青混合料密度试验（表干法）	每日不少于2次
空隙率	3%~4.5%		
矿料间隙率	≥16.5%		
饱和度	70%~85%		
稳定度（kN）	≥6kN	T 0709—2011 沥青混合料马歇尔稳定度试验	每日不少于2次
流值	2~5mm		
马歇尔稳定度	≥85%	T 0709—2011 沥青混合料马歇尔稳定度试验	—
冻融劈裂试验残留强度比	≥80%	T 0729—2000 沥青混合料冻融劈裂试验	—

续上表

试验内容	指标	试验方法	备注
谢伦堡沥青析漏试验的结合料损失	≤ 0.1%	T 0732—2011 沥青混合料谢伦堡沥青析漏试验	—
肯塔堡飞散试验的混合料损失	≤ 15%	T 0733—2011 沥青混合料肯塔堡飞散试验	—
弯曲试验（-10℃最大弯拉应变）	≥ 2500με	T 0715—2011 沥青混合料弯曲试验	—
动稳定度（60℃）	≥ 3500 次/mm	T 0719—2011 沥青混合料车辙试验	—

沥青混合料现场测试试验内容（三车道） 表 4.4-25

试验内容	指标		试验方法	试验频率
压实度	≥试验室标准密度的98%，≥最大理论密度的97%，面层实测空隙率3%~7%		T 0924—2008 钻芯测试路面压实度方法	每200m测3点
厚度	代表值	总厚度：-5%H 上面层：-10%h	T 0924—2008 钻芯测试路面压实度方法	每200m测3点
	合格值	总厚度：-10%H 上面层：-20%h		
平整度	标准差	表面层≤1.0mm 中面层≤1.2mm	T 0932—2008 连续式平整度仪测试平整度方法	每车道连续检测
弯沉值	表面层检测，不大于2.05		T 0953—2008 落锤式弯沉仪测试弯沉方法	每1000m检测120点
渗水系数	表面层≤60mL/min 中面层≤90mL/min		T 0971—2019 沥青路面渗水系数测试方法	每200m测3处
摩擦系数	—		T 0964—2008 摆式仪测试路面摩擦系数方法	每200m测3处
	表面层检测，≥54		T 0965—2008 单轮式横向力系数测试系统测试路面摩擦系数方法	全线连续检测
构造深度	表面层检测，≥0.55mm		T 0961—1995 手工铺砂法测试路面构造深度方法	每200m测3处

注：H指沥青层总厚度。

4.4.6 沥青面层无人化集群施工技术

近年来，针对传统沥青路面施工面临的温度控制、摊铺、碾压施工数据采集等诸多痛点，建设行业开始应用物联网大数据、无人驾驶、人工智能等先进技术，但目前无人化技术在每次施工前需要用大量时间采集边线数据，无人化集群对局部混合料离析、压实不足等缺陷无法做到精确定位；无人压路机强制启停策略判断能力较弱，紧急制动易制动混合料拥包、平整度差等问题，无法满足高等级道路的沥青路面建设需求。

4.4.6.1 无人化集群技术简介

沥青路面无人化集群由无人摊铺系统和无人驾驶碾压系统组成，两者均通过卫星定位及基站差分数据为机群提供精准平面坐标。针对中、下面层，通过域激光发射器引导高程；针对上面层，通过非接触式平衡梁激光找平束自动找平，见图4.4-25。

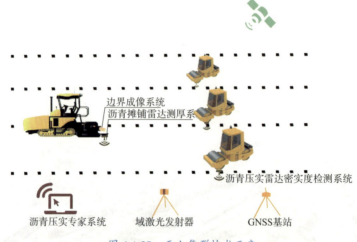

图 4.4-25 无人集群技术示意

无人摊铺机熨平板后的沥青摊铺雷达测厚系统，可代替人工检测松铺厚度，可预警厚度超标，可采用远距离遥控系统控制。边界设置GNSS定位装置，获取沥青摊铺边界，根据试验段碾压情况，增加一定碾压宽度，形成摊铺碾压界限云图，可用于引导无人压路机制定碾压策略，减少了施工前采集边线数据的时间。两侧装有MOBA非接触式平衡梁，通过实时超声波高程监控与对比，自动调整熨平板仰角、姿态。

无人驾驶压路机将位置坐标集中至沥青压实专家系统当中，根据碾压界限云图，自动分析碾压策略，实现零贴边碾压。无人驾驶压路机还加装了沥青压实雷达密实度检测系统，通过被压实材料的介电常数及孔隙率的变化，实时反馈被压实材料的压实度，碾压过程中不断更新轨迹，可实时显示压实度云图，避免欠压和过压。

4.4.6.2 技术特点

一是精准控制。配备毫米波雷达，机械距离达到5m时减速、达到2m时制动的多级减速策略可防止突然制动导致沥青路面平整度不合格；无人摊铺机雷达测厚系统实时检测，同时保证沥青摊铺的高程与厚度；无人压路机的沥青压实度雷达检测系统，实时检测沥青路面的压实度情况，生成压实度云图，避免欠压和过压。

二是高效实施。无人驾驶摊铺机边部自带GNSS定位装置，可自动将边线数据上传至云端控制中心，计算并生成边界云图，施工前无须进行压路机边线确定，节省了施工准备时间。

4.4.6.3 设备安装与参数调整

施工前，将项目平曲线要素、纵曲线要素、宽度及其渐变、横坡等线路参数输入云端数字系统，生成道路模型，作为摊铺机行走的路径。安装域激光发射器（图4.4-26），架设基站，安装物联网系统、定位装置（图4.4-27），将数据接入智慧管理平台（图4.4-28）。

图 4.4-26 安装域激光发射器

图 4.4-27 摊铺机定位装置

图 4.4-28 设备接入物联网平台

采用1台PR1655摊铺机全幅摊铺。熨平板采用10.9级以上的高强度螺栓联结紧固，避免混合料划痕。装配完成后连接拉杆，提起熨平板，调整熨平板自然拱度为2.5~3.0cm。摊铺机叶片组合采用480mm+420mm+360mm直径组合式配置，保证里侧不积料、外侧不缺料，同时配置反向叶片、过渡叶片以减少离析，见图4.4-29。

图 4.4-29 叶片布置图

安装无人摊铺机的沥青摊铺雷达测厚系统，雷达主机安装在驾驶室后方，雷达天线在熨平板后方等间距布置 4 个。基于传统探地雷达原理，检测摊铺时的松铺厚度。

最后进行机械参数匹配调整。完成设备定位系统、设备数据对接系统的调整，确定与施工实际相匹配，确保数据准确。

4.4.6.4 混合料拌和及运输

沥青拌和站安装物联网系统，可显示每盘沥青用量、各档料用料、油石比、拌和及出厂温度、出厂车次重量与时间、每班数据汇总。采用移动装料平台均匀装料，防止混合料离析。逐车检测运输车辆沥青混合料的重量和温度，记录出厂时间，签发运料单，并覆盖加厚篷布。混合料拌和及运输详见沥青路面施工质量智控系统相关内容。

4.4.6.5 无人摊铺施工

摊铺机的受料斗在摊铺前涂刷隔离剂或防黏结剂。摊铺前熨平板需提前 0.5~1h 预热至不低于 100℃。调好螺旋布料器两端的自动料位器，并使料门开度、链板送料器的速度与螺旋布料器的转速相匹配，使螺旋布料器料位高度略大于 2/3 高度。按照预估的拌和站生产能力，进行摊铺速度定位，见图 4.4-30。

无人摊铺机两侧装有 GNSS 定位装置，随着边部混合料摊铺成型，定位生成沥青摊铺边线，根据试验段碾压情况，增加一定碾压宽度，如无侧边护栏、路缘石处宽度增加 20cm，在有侧边结构物时不增加宽度，生成界限云图并传输至沥青压实专家系统。

上面层及桥面 SMA-16 中面层采用 1 套 36 束激光束 MOBA 非接触式平衡梁找平，见图 4.4-31。该装置装在摊铺机两侧，每侧装置的前端基梁上装有 2 只超声波探头，后端基梁上装有 1 只探头，收集已铺路面及新铺层到探头的高差，将收集的信号传送至计算机，计算机通过计算控制基准梁的仰角，使基准装置的中部在摊铺过程一直保持在设计纵坡相应的高程上。它与摊铺机上的自动摊铺厚度控制装置相互作用，使摊铺层达到设计高程和要求的摊铺厚度，并能确保摊铺层的平整度。

图 4.4-30　无人摊铺作业

图 4.4-31　非接触式平衡梁

同时，无人摊铺机上安装物联网设备，可输出摊铺温度、摊铺速度、摊铺时间并反馈至数字化施工平台（图 4-4-32），作为后期质量管理溯源的依据。

图 4.4-32　数字化平台显示摊铺速度情况

4.4.6.6　无人驾驶碾压系统作业

卫星定位与域激光技术精确定位无人驾驶压路机，并将集群位置信息传至云端的沥青压实专家系统，基于"紧跟、慢压、高频、低幅、同进同退"的原则，制定碾压路径策略。精准的边界云图使压路机做到零贴边碾压，有效解决常规施工中贴边碾压压实度不够、松散等质量痛点，见图 4.4-33。

图 4.4-33　无人碾压作业

系统默认执行试验段确定的碾压遍数、碾压速度、振幅等参数。本项目碾压参数见表 4.4-26、表 4.4-27。

SMA 混合料碾压参数   表 4.4-26

阶段	压路机参数			碾压方式	遍数	速度（km/h）
	类型	规格	数量			
初压	双钢轮压路机	13t	3 台	前静后振	2	2~3
复压	双钢轮压路机	13t	3 台	振动	4~5	3~5
终压	双钢轮压路机	13t	1 台	静压消除轮迹	1	3~6

SUP 混合料碾压参数   表 4.4-27

阶段	压路机参数			碾压方式	遍数	速度（km/h）
	类型	规格	数量			
初压	双钢轮压路机	13t	3 台	前静后振	2	2~3
复压	轮胎压路机	30t	3 台	振动	4~5	3~5
终压	双钢轮压路机	13t	1 台	静压消除轮迹	1	3~6

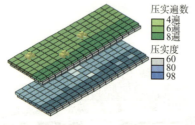

图 4.4-34　压实度云图

压路机的沥青压实雷达密实度检测系统实时导出碾压轨迹上各点的遍数与压实度，生成压实度云图，见图 4.4-34。

无人驾驶碾压系统内嵌物联网系统，可记录碾压温度、碾压速度等参数，可上传至数字云端平台，作为后期质量管理溯源的依据。

4.4.7　数字化场景创新

作为浙江省数字化改革的试点项目，本着"敢为人先、先行先试"的务实态度，高起点谋划探索数字化应用工作。数字化质保资料先行先试，率先在全省阳光管理系统实现上线应用，利用"互联网+"、物联网、视频监控、移动平台等科技手段，实现桥梁、隧道施工质保资料的智能填报、无感采集和数字验收，实现对工程质量的动态监管，大大提高了质量管理效率，详见第 5 章第 1 节、第 2 节。

首创安全智控指数并顺利上线。依托"平安义东"安全信息化平台，通过物联网设备自动抓取、系统自动判定以及监管单位和参建各方隐患上传，自动生成安全指数，并以"红、橙、黄、蓝"四色图形式体现，直观展示项目和标段的生产安全现状，引领安全生产监管，详见第 5 章第 3 节。

4.4.8　课题研究创新

结合项目特点和面临的难题，进行了中箱梁、圆桩接方柱、高铁隧道交叉段结构安全和质保资料数字化管理技术方面的科技攻关，开展技术创新研究。其中，"公路中箱梁（25~35m）及圆桩方柱设计与建造技术的研究""公路隧道下穿高铁隧道交叉段结构安全研究"和"公路工程施工质量保证资料管理无感采集与全程可溯源研究"三项研究课题被列入2020—2021年浙江省交通运输厅科技计划项目。

4.4.8.1 公路中箱梁（25~35m）及圆桩方柱设计与建造技术的研究

1）关键技术问题

（1）中箱梁

箱形结构抗扭刚度大，整体性好，与T梁相比景观性也更好。小箱梁通用图发布后，在各省公路工程中的应用很多，但是由于小箱梁截面尺寸小、施工质量控制难，导致小箱梁结构裂缝病害频发，限制了其在工程应用中的进一步推广。课题拟在小箱梁的基础上，进一步优化提升结构性能，结合背景工程项目，从合理尺寸、空间受力特性、施工工艺等角度对箱形预制结构进行深入研究，最终形成30m跨径的中箱梁结构设计方案。拟解决的具体关键问题为：

①中箱梁合理截面、经济梁距研究。

②中箱梁空间受力特性与试验研究。

③中箱梁合理施工工艺研究。

（2）圆桩方柱设计与建造技术

圆桩方柱结构施工方便且具有阻水面积小、经济性好、结构景观效果好等优点，值得在市区桥梁工程建设中进行推广应用。本课题以圆桩方柱接头合理构造与工艺为研究对象，拟解决的具体关键问题为：

①圆桩方柱受力性能研究。

②圆桩方柱接头合理构造研究。

③市区道路环境下圆桩方柱接头成套施工工艺研究。

2）主要创新点

①公路中箱梁成套技术

②公路中箱梁施工工法

③圆桩方柱接头合理构造技术

④圆桩方柱接头施工工法

4.4.8.2 公路隧道下穿高铁隧道交叉段结构安全研究

1）技术难点

新建隧道与既有隧道平行、交叉近接时，新建隧道爆破施工会对周边围岩和既有隧道产生不同程度影响：一方面，隧道周围岩土体在爆破施工影响下会发生劣化，如岩体微裂纹的扩展延伸和软弱夹层的破坏，在削弱围岩承载能力的同时，间接增加了既有隧道衬砌结构承担的荷载；另一方面，爆破振动会直接对既有隧道结构产生不同程度的影响甚至损坏，如既有衬砌结构开裂、剥落等。运营期交叉区段隧道在高速列车长期荷载作用下，结构可能产生不可逆变形，从而威胁列车运行安全。

杭温高铁梧坞隧道上跨义东高速公路西甑山隧道，在资料总结、现场调研基础上，凝练出近接隧道工程施工及运营中的技术难点，主要有：

①上方高铁隧道爆破施工对邻近公路隧道结构安全的影响及保障措施。

②上方高铁隧道长期列车动载作用对邻近公路隧道结构安全的影响。

③交叉段公路隧道结构安全长期在线健康监测与安全评价系统。

2）主要研究内容

为了确保既有隧道结构安全稳定，识别近接隧道工程施工风险区域，提出施工期隧道结构安全控制措施，完善现阶段以经验为主的设计施工技术，保证新建隧道快速施工安全、顺利进行，同时实现运营期交叉段公路隧道结构长期安全稳定，义东项目对近接隧道工程施工及运营期间涉及的关键技术问题进行研究，并将研究成果直接指导施工。

（1）大断面公路隧道与高铁隧道近接爆破施工对结构安全影响研究

①近接隧道爆破振动安全判据及评判标准研究。

②大断面公路隧道后行洞爆破施工对邻近先行洞影响分区研究。

③高铁隧道爆破施工对邻近大断面公路隧道影响分区研究。

④大断面公路隧道与高铁隧道近接施工爆破控制技术研究。

⑤大断面公路隧道与高铁隧道近接爆破施工现场监测研究。

（2）高速列车振动荷载对近接公路隧道结构安全影响的研究

①结构振动理论及车辆荷载分析。

②高速列车荷载作用下隧道交叉段动力响应研究。

③组合车辆荷载作用下隧道交叉段动力响应研究。

④高速列车荷载作用下公路隧道交叉段动力响应影响因素研究。

⑤高速列车荷载作用下公路隧道运营期损伤发展规律。

（3）交叉段公路隧道结构长期在线健康监测及安全评价

①交叉段公路隧道结构健康状态影响因素分析及指标选取。

②基于多级模糊评判原理的交叉段公路隧道结构安全评价体系。

③交叉段公路隧道结构安全在线健康监测与安全评价系统。

3）主要创新点

以西甑山隧道与杭温高铁梧坞隧道垂直交叉段为工程依托，采用"理论分析、数值模拟、现场测试、工程类比"四位一体的方法，从交叉段隧道结构安全性问题入手，重点研究上方高铁隧道爆破振动、长期高铁列车荷载作用对下方大断面公路隧道结构安全稳定的影响，并结合现场监测、安全评估体系以及无线传输系统搭建交叉段公路隧道结构安全长期健康监测平台。主要研究成果和创新点有：

①推导了基于双参数指标的爆破振动速度安全判据公式，并确定爆破振动安全阈值及近接隧道影响分区标准。采用理论推导的方法，基于动力强度理论和材料极限强度准则，建立考虑隧道衬砌结构极限强度的双参数爆破振动速度安全判据公式。在判据公式计算结果的基础上，参考国内外已有爆破振动判据标准，确立近接隧道爆破振动下的安全评判方法，提出近接隧道爆破振动影响分区标准。

②揭示了近接隧道爆破施工振动速度、应力分布特征，并提出不同影响分区下交叉段爆破施工安全保障措施。在探明依托工程交叉段隧道爆破振动影响分区、安全控制标准及结构动力影响规律的基础上，分析采用不同加固减振措施时爆破施工对既有大断面公路隧道的影响，提出适用于义东项目不同影响区的爆破控制措施，为近接段大断面公路隧道结构提供保障。

③建立了考虑塑性循环加载的高速列车荷载 - 围岩 - 隧道体系相互激励的动力计算模型。基于弹塑性力学的基本原理，引入"棘轮效应"对岩土材料受力行为的描述，推导相应本构方程，建立适用于描述岩土材料循环加载力学特性的循环塑性本构方程。建立考虑循环加载的高速列车荷载 - 围岩 - 隧道体系相互激励动力学模型，揭示运营期高铁与公路隧道交叉段围岩和结构力学行为演化及相互影响规律。

④揭示了高铁、机动车不同组合荷载作用下交叉段隧道结构动力响应及安全度变化规律。利用 ABAQUS 子程序模拟公路隧道机动车辆行驶效应，研究了大断面公路隧道右线三车道机动车辆同时行车情况下行车公路隧道、相邻公路隧道、上部高速铁路隧道交叉段典型断面、测点的动力响应和结构安全度变化规律。并在此基础上研究高铁隧道列车荷载、公路隧道左右线机动车辆荷载共同作用下隧道交叉段动力响应和结构安全度变化规律。

⑤搭建可稳定运行的交叉段公路隧道结构长期在线监测及安全评估系统。以现行规范的安全等级评定标准为基础，采用层次分析法、综合模糊评估法等对交叉段公路隧道结构进行安全评价，基于结构可靠度指标的健康状态定量分级标准，建立全生命期内隧道交叉段结构安全等级划分标准及评价方法。结合现场监测方案及结构安全评价方法研制可稳定运行的高速公路隧道结构在线安全监测系统，搭建了隧道结构全生命期安全评价与实时预警平台。

4.4.8.3 公路工程施工质量保证资料管理无感采集与全程可溯源研究

公路工程施工质量保证资料是工程项目质量评定和验收的重要依据和组成部分，是随工程建设过程（工程质量检测）同步形成的一系列文字和图像资料。传统施工质量保证资料以纸张作为载体，人工进行施工质量数据的手写记录或二次转录，存在纸张消耗量大、效率低和保管追溯难等问题。因此，传统的质量保证资料已不能满足工程项目建设现代化的要求。

课题以义东项目施工质量保证资料数字化、标准化管理为切入点，在进行公路工程施工统一用表应用、质量数据无感采集技术、工程质量数字化验收和施工质量可溯源等现状调研分析基础上，围绕施工全过程质量管理，利用"互联网+"、物联网技术、移动平台等科技手段，深入开展施工质量数据的无感采集与全程可溯源研究，包括公路工程质量数据的无感采集体系、浙江省公路工程施工统一用表数字化优化、质量保证资料数字化管理系统设计和施工质量全程可溯源技术等研究，实现工程施工质量数据的无感采集、质量保证资料的现场同步形成、质量智评和全过程可溯源（或可核查）等数字化管理，并在义东项目得到了有效应用和工程验证。取得的主要创新成果有：

①首次形成了公路工程质量数据的无感采集体系。该体系提出了6种质量数据数字化采集方法和24项无感采集技术清单。采集方法包括智能索引、批次验收引用、现场移动端实时填报录入、现场原始检测记录数字化录入、试验检测数据数字化录入、工艺互联网类质量数据的数字化采集等。无感采集技术包括工艺物联网类11项、试验检测类11项，如水泥混凝土拌和、沥青混凝土（水稳）拌和运输摊铺碾压、预应力张拉与压浆等，实现了质量数据采集的全过程留痕、及时性、保真性和可溯源性。

②首次提出了基于数字化技术的公路工程施工统一用表（数字版）。遵循顶层设计和基层探索双向发力的改革规律，以数字化引领、撬动、赋能2019版施工统一用表，严控质量数据核心指标，强化工序报验流程管控，优化（合并、删除、新增、保留）施工原始记录用表，推出数字版公路工程施工统一用表，表格数据人工填报减负70%，效率提升75%，是质量保证资料数字化改革的一项重大技术革新，具有里程碑的意义。

③首次提出了"WBS[①]三级分解"（一级为单位、分部和分项；二级为子分项；三级为工序）的工程质量追溯方法。首次研发了以TEU（最小实体单元）为质量追溯源的施工质量保证资料数字化智控系统，实现了施工质量数据的动态监管和全过程可溯源管理。[①]

④首次编制了四种质量数据无感采集的数字化技术指导手册，涉及预应力张拉压浆、沥青路面、水泥搅拌桩、路基填筑。

课题较好地解决了传统纸质施工质量保证资料存在的人工采集时效性差、易失真和不易追溯问题，通过施工质量原始数据的数字化采集、智能化录入、质量智评和全过程溯源，实现公路工程施工质量保证资料的数字化管理，推进基于数字化施工质量保证资料的项目质量检验、合同管理、计量支付、档案管理等，提升质量管理效率，契合数字浙江、数字交通和数字公路建设，经济和社会效益十分显著。

---

① WBS：Work Breakdown Structure，即"工作分解结构"。

第 5 章　数智建设

随着《交通强国建设纲要》和"交通强省"等国家、浙江省重大战略规划的陆续发布，高速公路等重大交通项目对高品质数字化建设提出了更高的要求。浙江是数字经济大省，发展数字经济是浙江省委、省政府部署的基础性、战略性任务，数字化改革更是浙江立足新发展阶段、贯彻新发展理念、构建新发展格局的重大战略举措。2021年初，浙江省交通运输厅印发的《浙江省交通数字化改革行动方案》提出了"一年出成果、两年大变样、五年新飞跃"三步走的工作目标，为浙江省推动交通数字化改革提供了重要指导。因此，坚持以创新为第一动力，促进先进信息技术与交通建设的深度融合，以"数据链"为主线，以项目智慧建设平台构建"浙路品质"公路工程数字化质量管控体系，通过项目智慧建设管理系统、质量数据数字化采集体系、网络化传输体系和智能化应用体系，加快交通建设信息化向数字化、网络化、智能化发展，提升交通建设全过程数字化水平，为交通强国、数字化交通建设提供有力支撑。

5.1 项目智慧建设管理系统

数智赋能，极致精益，是新时代高质量发展的必然趋势。义东高速公路作为2022年第一批"浙路品质"数字验收应用试点项目，为贯彻落实《交通强国建设纲要》提出的打造"一流设施、一流技术、一流管理、一流服务"的建设理念与浙江省委、省政府关于全面推进数字化改革的决策部署以及浙江省交通运输厅下发的《浙江省交通数字化改革行动方案》相关要求，推动义东项目建设数字化改革，打造平安百年品质工程，着力构建了"1+5+N"工程项目智慧建设功能体系，"1"即建设一体化智慧化项目建设管理系统，围绕施工过程质量和安全生产管理，对涉及质量和安全生产的数据进行自动采集、全程监控、实时管理，对工程建设实行智慧化管理；"5"即项目建设管理、施工质量管控、安全生产管控、试验检测管控、远程视频管控智慧化五个功能应用；"N"为五个功能应用的 N 个子应用。

5.1.1 打造"一个平台、四大品牌"

义东项目数字化改革依托"义东高速公路东阳段阳光平台"（简称"阳光平台"），以党建、安全、质量和合同管理为抓手，运用智慧化、信息化手段致力打造"数字义东"品牌，即铭匠义东、平安义东、品质义东、诚信义东，真正意义上实现物联网与阳光平台互联互通的基本目标，进一步实现党风廉政建设、投资控制、计量支付、变更管理、质量验收、合同管理、安全管理、征地拆迁等数字化协同管理，达到数字赋能，发挥数据价值，提高建设管理效率，以数字化改革助推"平安百年品质工程"创建。

首先，基于大数据、"互联网+"、物联网等现代信息化技术，打造了一体化智慧化的项目管理系统——新型数字化管理平台，将项目的工程资料、工程监测、工程监理、工程进度、工程工况、工序管理等全部工程数据电子化、网络化、可视化，如图5.1-1～图5.1-3所示。

图 5.1-1 平台功能

图 5.1-2 可视化信息管理平台

133

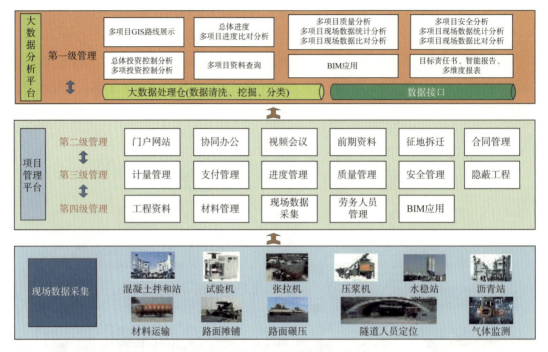

图 5.1-3 平台分级管理示意图

5.1.2 首次质量智评（数字验收）应用场景示范

质量智评（数字验收）是指通过施工质量原始数据的无感采集、智能化录入等方式，实时完成施工质量的自检评定、监理平行检验、建设单位质量评定等工作。结合工程质量关键指标，建立工程质量智控指数，设计应用场景如下：

①根据分项工程工序报检程序，现场技术人员通过移动端实人实时实地填报数据，审核人员限时审批，流程设置提醒处理、过时通报等功能，实现数字化质量保证资料生成全过程留痕，全程可溯源，保证数据真实性。

②通过物联网无感采集核心质量数据，上传检测报告、现场照片等附件，自动关联试验系统原材料检测数据，系统有自动生成记录时间、下拉选择菜单、自动计算、数据预警等功能；自动关联原始记录表数据至现场质量检验报告单数据，保证数据真实性；自动关联报告单和原始记录表数据至分项工程质量检验评定表，自动生成评定数据和评定结果。

③通过施工自检评定、监理平行检验、建设单位质量评定，系统自动计算实体质量得分，形成质量智控指数，反映工程项目及各施工标段总体质量管控水平。

5.1.2.1 基本架构及智评流程

质量智评基本架构见图 5.1-4。

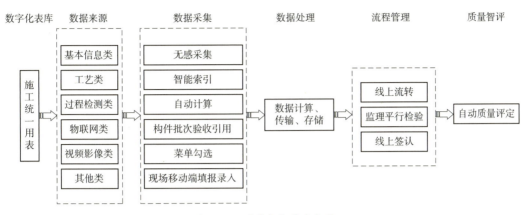

图 5.1-4 质量智评基本架构

质量智评流程见图 5.1-5。

图 5.1-5 质量智评流程

1) 分部分项划分

在质量评定标准基础上进一步细化，统一各专业的划分层级，提供 WBS 划分模板，结合项目实践经验建立统一的划分规则。各施工单位根据分部分项划分模板，编制划分文件，经监理单位审核后导入系统。

2) 分项开工申请

基于分部分项划分，选择内容，提交分项开工申请，监理在线审核后激活，形成开工申请表。

3) 工序报验

工序报验划分为施工准备、施工过程和成品检测三阶段，过程中形成相应质量保证资料。待报验工序与施工用表关联，并绑定工序先后关系。

①工序报验发起后，质检表单与工序关联，自动查询需要填报的表单，查看对应质检表填写状态，点击"查看"，自动跳转展示质检表单填报详情。

②校验质检表单完成状态，未完成则不可提交报验。

③校验上阶段报验完成状态，未完成上阶段报验不可发起下阶段报验。

4）监理抽检

监理收到施工单位发起的工序报验申请后，须在规定时限内到现场抽检，并填写抽检指标检测信息，抽检指标与工序关联；根据抽检结果，基于质检规范，系统自动判断合格状态。

物联网数据调用：工序报验对接物联网数据，通过物联网数据引用、表单数据关联、手动录入和引用物联网系统附图或报告。

5）工程质量评定

分项工程完成中间交验审批后，自动汇集成品检测报验，完成审批，确认该分项完成中间交验；所有分项完成中间交验，上一级分部工程自动评定；同理，进行单位工程评定。将形成的质量保证资料自动归集到电子档案对应的文件目录下，形成电子档案资料。

6）自动计量

分项工程完成交验后，通过调用物联网数据，同步进行自动计量。

5.1.2.2 质量保证资料数字化

1）质量数据采集体系基本架构

公路工程施工质量保证资料是公路工程施工全过程的质量信息，其载体是公路工程施工统一用表，核心是工程质量数据的采集、传递和管理。因此，要实现质量数据的无感采集，必须明确质量数据的采集对象、采集途径或方法以及数据的传输和存储，建立质量数据数字化采集的基本架构，见图5.1-6。

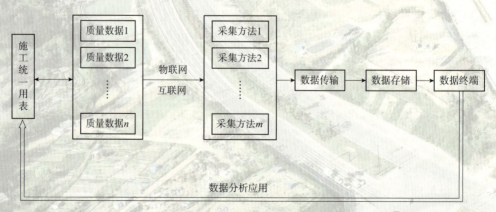

图 5.1-6　质量数据无感采集体系基本架构

2）施工统一用表优化

全国公路建设项目众多，施工控制、检测和评定的质量保证资料用表形式多样，记录的质量数据内容与填写格式也不尽相同，但同一省份内公路工程施工基本采用统一用表。表中施工原始质量数据都是采用人工采集、手工填写或转录（包含二次加工数据）等方式，并都以纸张作为信息载体进行传递、审批、移交、保存和追溯，其弊端主要有纸张消耗量大、存储占用空间大，纸张信息可以二次编辑、修改，质量数据易失真、丢失、时效性不足等。

随着信息技术的发展和交通建设向信息化、数字化、网络化和智能化发展，对施工质量保证资料的数字化管理也提出了迫切需求。义东项目通过深入调研各参建单位（施工、监理、业主等）和现场一线人员数字化需求，遵循顶层设计和基层探索双向发力的改革规律，在浙江省 2019 版施工统一用表基础上，按删除原则、优化原则、保留原则和新增内容原则进行表格优化。

①删除原则。对原始记录表单中内容重复且非唯一来源（或可推算得到）的质量数据，予以删除。

②优化原则。当质量数据可通过信息化技术进行无感采集、智能索引、自动计算等手段实现采集时，按严控质量数据核心指标、强化工序报验流程管控原则，对实现关键数据自动采集的索引表单进行内容优化，使之与信息化、数字化采集技术融合应用。

③保留原则。当施工记录中检查内容为质量检验评定标准关键检查项目且无法通过其他表单进行数据替代或推算得到的，予以保留。

④新增内容。公路工程施工技术日新月异，"四新"技术层出不穷。随着智能数控设备、固定胎模架、钢筋笼滚焊机等大量先进设备的开发使用，钢筋半成品及骨架的加工质量和效率得到了极大提高，通过对设备的定期标定或校核，即可实现质量的不可逆转。此类数据按标定周期多批次重复引用。增加胎膜架质量原始记录表单。

3）开发数字化施工统一用表

通过数字化引领和赋能，利用"互联网+"、物联网、移动平台等技术手段，严控质量数据核心指标，对数字化施工统一用表进行设计，包括基于物联网技术的数据采集相关用表、工序信息化用表、质量自动评定用表等的设计与开发，强化工序报验流程管控，突出质量数据的数字化、智能化、保真性和可溯源性。编制形成了满足工厂化、规模化、信息化、集约化要求的施工统一用表（数字版），实现了工程施工关键质量数据的无感采集、质量保证资料的现场同步形成及施工质量保证资料的数字化管理和质量可溯源（或可核查）。

数字化用表主要以 2019 版施工统一用表为基础，合并重复内容，优化表单，重点简化施工原始记录表单，总共涉及原始记录表单 130 张，优化合并后剩余 48 张（含项目未涉及的分项表格 20 张）。在系统中导入数字化施工统一用表，形成系统的质检资料报表库，根据分项下的工序进行表格的直接拖拉匹配，见图 5.1-7。

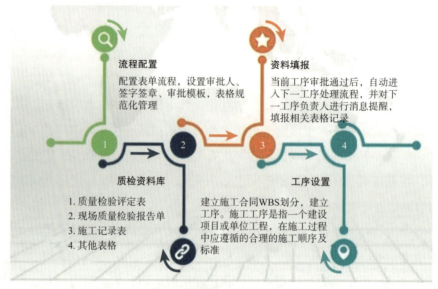

图 5.1-7 数字化施工统一用表管理

4）WBS 工序划分

结合工程规模，依据《公路工程质量检验评定标准 第一册 土建工程》(JTG F80/1—2017)进行单位工程、分部工程、分项工程划分，进行 WBS 工序划分，并导入数字化表单。同时，依据工程划分体系及档案管理编码规则建立质量保证资料的双重身份，满足质量保证资料编审及档案管理要求，工完按要求归类存档，见图 5.1-8。

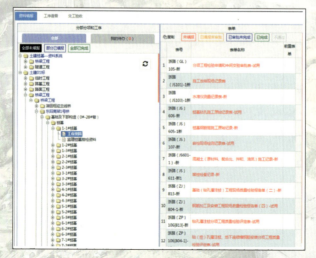

图 5.1-8 数字化施工质量保证资料表单

5）施工质量保证资料管理终端功能设计

基于项目实际，开发了公路工程施工质量保证资料管理终端，实现对施工质量保证资料的数字化管理，并对电子签名和电子档案有效性进行验证，实现施工原始数据、质量检验、合同管理、计量支付、档案管理等一体化融合应用管理，打通高速公路工程建设过程中各个模块之间的联系。

6）质量数据的分类

根据《公路工程质量检验评定标准 第一册 土建工程》（JTG F80/1—2017），工程施工质量保证资料主要由六部分内容组成，涉及项目参建各方（包括建设单位、设计单位、监理单位、施工单位和第三方检测单位，简称"一路五方"）和行业质量监督部门等，质量数据来源广泛、复杂。同时，公路工程一般规模较大、持续时间长，施工过程中每天都会产生海量数据，采集工作量巨大。因此，质量的数字化验收，首先要实现质量数据采集的信息化、数字化。一般途径有：一是通过应用智能软件或软件的迭代提升或开发、设备的"数字赋能"和物联网技术等提高现场实测数据、试验检测数据和影像数据等的自动采集率；二是与质量保证资料相匹配的施工统一用表的数字化（由纸质到电子化）；三是流程的数字化，包括开工申请、工序报验、中间交验和评定流程等在线上签认流转。

根据施工质量保证资料的组成和施工统一用表工序流程，将各类质量数据按来源分为六大类，见表5.1-1。

质量数据分类　　　　　　　　　　　　表5.1-1

序号	数据分类	数据来源
1	基本信息类	单位分部分项工程、子分项（桩号、部位）、混凝土（水泥、黄砂、碎石、外加剂）等原材料规格或类型、钢材类规格型号、桩基设计地质类型、预应力孔道坐标设计参数等
2	工艺类	桩基成孔原始记录（钻孔时间、进尺等）、混凝土浇筑记录、预应力张拉压浆记录、路面压实记录等
3	过程检测类	测样放样、结构尺寸、钢筋笼（骨架）、路面宽度等现场检测类，试验现场检测类（如混凝土坍落度、回弹强度、路面压实度等）和工程现场质量检验报告单中的格式类检查结论、检验结论等
4	物联网类	混凝土拌和监控数据、智能张拉压浆数据、试验室检测类数据（混凝土强度，各类原材料试验检测报告或试验批准文号，设计施工配合比等）和现场智能量测类等
5	视频影像类	主要指隐蔽工程验收的图像、视频资料，第三方桩基成孔、成桩检测报告链接图片等，体现数据的保真性，全程溯源
6	其他类	不属于前五类的数据信息等，包括施工（检测）日期等

7）质量数据的信息化采集

近年来，我国大力加强信息基础设施建设，包括以5G、物联网、工业互联网、卫星互联网为代表的通信网络基础设施，以人工智能、云计算、区块链等为代表的新技术基础设施，以数据中心、智能计算中心为代表的算力基础设施等。信息基础设施建设推动了数字技术创新，其成果不断融入生产生活，丰富智慧化应用场景，如手机支付、网上挂号、App打车、在线学习、协同办公逐渐成为人们生活、工作的常态。信息化技术的发展，为质量数据的数字化采集提供了基础条件。

结合公路工程施工统一用表和各类质量数据来源，数字化数据采集方式主要有智能索引（索引录入、菜单勾选）、现场移动端实时填报录入、现场原始（检测）记录信息化采集、工艺物联网类的质量数据无感采集等。质量数据的实时自动采集功能，优先从施工的关键质量控制环节出发，如拌和楼、水稳拌和站、智能张拉压浆、沥青路面摊铺碾压等信息化监控，试验检测的信息化控制（标养室、万能机、压力机等），第三方检测（监控量测、桩基成孔检测、成桩超声波检测）等，并进行信息化智能化技术应用和物联网数据标准接口设计，然后工程智慧建设管理系统，实现质量保证资料相关数据的无感采集、预警、闭环管理和全过程溯源功能，全面提升质量管理效率。质量保证资料数字化应用场景见图5.1-9。

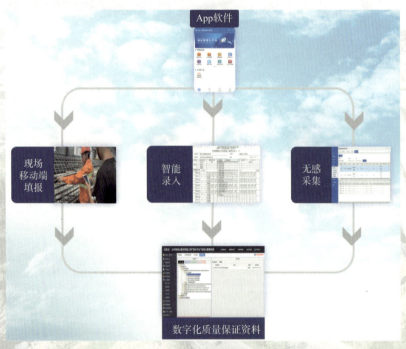

图5.1-9 质量保证资料数字化应用场景示意

（1）质量数据的智能录入

①索引录入。依据单位工程、分部工程、分项工程划分，进行WBS工序分解，并建立项目信息数据库，系统预置基础数据。通过数字化统一用表匹配化设计，一键选取

对应构件信息，实现基础和检测数据智能索引录入（图 5.1-10），减少海量数据（如预应力孔道坐标设计参数、钢材规格型号、原材料规格、试验检验批次号）重复填报，保证数据准确性，为基层减负。具体方法为：通过数字化表单中设置的下拉菜单功能选录，包括：单位分部分项工程、子分项（桩号、部位），混凝土、沥青等原材料规格或类型，钢材类规格型号，桩基设计所入地质类型描述，预应力孔道坐标设计参数，现场质量检验报告单中的格式类检查结论、检验结论，混凝土强度，隐蔽工程凿桩照片和成孔、成桩检测的报告等。

公路工程建设项目（新表）
结构物预应力孔道施工原始记录（一）

施工单位	浙江交工集团股份有限公司						合同号			土建01标				
监理单位	浙江浙中建设工程管理有限公司						编号			浙路（JS）626				
桩号	左幅166-5主梁	具体构件名称		30m中跨组合边梁					施工日期	2021-07-07				

材料情况	材料名称	规格	试验批准文号	堆放方式
	波纹管	Φ70	2021-SLG-021	上盖下垫
	锚垫板	YM15-6ZB	2021-MJJP-016	上盖下垫
	螺旋筋	HPB300Φ10	2021-GJJ-241	上盖下垫

孔道编号及检测方向		加工要求(mm)	梁长方向设计坐标值对应梁高方向设计值、检测值(mm)												合格率
N1	梁长方向		设计值	13000	11000	9000	7000	5000	3000	1000	0	2000	4000	6000	8000	10000	12000	14000	
	梁高方向	设计±10	设计值	1247	1077	906	736	570	479	470	470	470	512	651	821	992	1162	1332	100%
			检测值	1245	1078	907	734	573	478	473	472	471	511	653	822	994	1165	1334	
N2	梁长方向		设计值	13000	11000	9000	7000	5000	3000	1000	0	2000	4000	6000	8000	10000	12000	14000	
	梁高方向	设计±10	设计值	898	730	561	402	350	350	350	350	350	350	360	477	645	814	983	100%
			检测值	899	732	562	403	353	348	349	350	350	354	362	478	646	812	986	
N3	梁长方向		设计值	13000	11000	9000	7000	5000	3000	1000	0	2000	4000	6000	8000	10000	12000	14000	
	梁高方向	设计±10	设计值	552	388	244	230	230	230	230	230	230	230	230	230	306	470	634	100%
			检测值	553	389	245	232	231	228	226	230	232	230	230	229	306	472	635	
N4	梁长方向		设计值	13000	11000	9000	7000	5000	3000	1000	0	2000	4000	6000	8000	10000	12000	14000	
	梁高方向	设计±10	设计值	211	110	110	110	110	110	110	110	110	110	110	110	134	288		100%
			检测值	213	107	111	110	112	111	109	111	110	108	110	110	135	289		

锚垫板位置及方向检测情况

检测位置	设计值(mm或角度)	检测结果（现场填报）			
		1号	2号	3号	4号
梁高方向	1400/1050/700/350	1405	1052	702	698	700	700	350	353
梁宽方向	908/791/674/557	909	902	791	790	673	674	558	557
偏位角度		4.92°	4.91°	4.78°	4.83°	4.85°	4.87°	4.35°	4.36°

填表说明：此表应与JS627表配套使用，按构件分别进行填写。

现场监理	（签名）	质检员	（签名）
日期	2021-07-07	日期	2021-07-07

浙江省交通工程管理中心

图 5.1-10 预应力孔道设计坐标智能录入（截图）

②菜单勾选。对于数字统一用表中需要人工作出文字描述的部分质量数据，在系统内根据描述说明进行下拉菜单设置，点击选取所需描述，勾选后即自动生成，减少人工记录，提高工效。如质量证明资料中名称和代号、各分项工程基本要求是否符合要求、外观质量描述情况等，见图 5.1-11。

公路工程建设项目
基础（钻孔灌注桩）工程现场质量检验报告单（二）

施工单位:	浙江交工集团股份有限公司		合同号:	土建01标	
监理单位:	浙江浙中建设工程管理有限公司		工程编号:		浙路（ZJ）813
工程名称	桥梁工程		施工日期	2022-11-10	
桩号、部位	5-1#桩基		检验日期		

	项次	要求内容	检查记录
基本要求	8.5.2.1.1	成孔后应清孔，并测量孔径、孔深、孔位和沉淀厚度，确认满足设计要求并符合施工技术规范规定后，方可灌注水下混凝土。	符合要求 /
	8.5.2.1.2	水下混凝土应连续灌注，灌注时钢筋笼不应上浮。	
	8.5.2.1.3	嵌入承台的锚固钢筋长度不得小于设计要求的锚固长度。	

	项次	检查项目	规定值或允许偏差	检查方法和频率	检查情况（实测值）	备注
实测	1	混凝土强度（Mpa）	在合格标准内	按附录D检查		
	2	孔深（m）	≥设计值	测绳：每桩测量		
关键项目	3	桩身完整性	每桩均满足设计要求；设计未要求时，每桩不低于Ⅱ类	满足设计要求；设计未要求时，采用低应变反射波法或超声波透射法；每桩检测		

图 5.1-11 菜单下拉勾选（截图）

③自动生成和自动计算。通过数字化统一用表的匹配设计，表单系统实时自动录入施工日期、检测日期。同时，表单根据不同数据之间的对应逻辑关系，按编制好的规则对数据进行计算，通过系统自动计算功能来完成原始数据的复杂计算，提高工作效率。以桩基成孔原始记录为例，根据填报的实际地质层，可自动计算得出数字版统一用表所需数据，自动生成本地质层的起始钻孔时间、层厚和累计进尺记录等，见图 5.1-12。

公路工程建设项目
桩基钻孔施工二原始记录表

施工单位	浙江交工集团股份有限公司		监理单位	土建01标		合同号	土建01标
结构物名称		94-3#桩基			工程编号		浙路（JS606）
地面标高	85.38	护筒顶面标高(m)	85.68	护筒底面标高(m)	73.68	护筒埋深	12	护筒内水位标高	85.38
设计桩径(m)	2	设计桩底标高(m)	57.6	设计嵌岩深度(m)	7	基准面位置	85.68	钻孔平台标高	85.38

时间						施工记录				
起			止		共计(h)	进尺(m)	累计深度(m)	地质情况		上一页 最后累计深度：
月	日	时	月	日	时				设计地质	实际地质	施工过程重大技术问题或事故描述（塌孔、偏差、机械事故、停电、待料、取曲等）
05	14	10	05	20	11		6.2	6.2	杂填土	杂填土	
05	20	11	05	21	16		13.4	19.6	粉质黏土	粉质黏土	
05	21	16	05	21	22		2	21.6	强风化	强风化	
05	21	22	05	22	07		7	28.6	中风化	中风化	
											监理终孔意见：

图 5.1-12 自动计算桩基累计深度（截图）

第 5 章 数智建设

（2）现场移动端实时填报录入

桩基成孔原始记录、混凝土浇筑记录、测量放样、钢筋笼（骨架）检测数据、结构物（断面）尺寸、混凝土坍落度、回弹强度等属于现场原始（检测）记录信息，采用移动端现场实时录入。具体途径为：通过智能索引，系统自动生成工序结构部位，采用手机移动端、Pad 移动端，根据数字化表单库职位设置，定人定点定时进行原始数据人工采集、输入（图 5.1-13、图 5.1-14），必要时辅以痕迹拍照上传方式，实现数字化质量保证资料生成全过程留痕和可溯源，保证数据真实性。

a) 现场量测

b) 实时录入系统

图 5.1-13 移动端现场实时填报录入

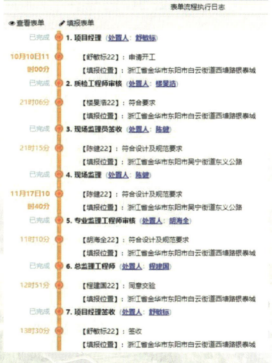

图 5.1-14 定人定点定时审批（截图）

（3）现场原始（检测）记录信息化采集

①开发钢筋间距智能检测机器人。

针对装配式工厂化预制场等具备标准化规整场地条件和使用环境的场景，开发智能检测机器人，对标准化构件骨架，使用相机间隔一定距离采集图像，通过预设的计算程序对箍筋进行图像识别并获取三维坐标，拼接各截面钢筋图像及三维模型，计算得整个钢筋骨架表面平整度、主筋、箍筋竖直度及间距偏差记录表，通过物联网接口进行数据传输，进而生成检测报告，同时通过图像资料完成质量的溯源，见图 5.1-15。

143

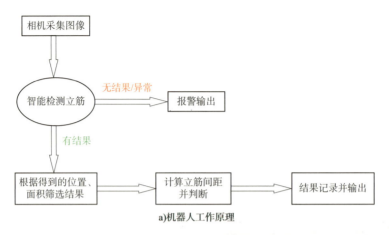

a) 机器人工作原理

b) 二维码

c) 内置摄像头

d) 拍摄照片

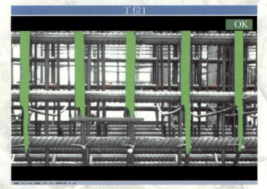

e) 图像识别

图 5.1-15　智能检测机器人检测钢筋间距

智能检测机器人工作流程为：智能检测机器人根据地上的众多二维码识别运行路径，通过平板客户端发送指令；在运行至第一个检测二维码时，机器人调整自身位置，将其摄像头面向绑扎胎架上的立柱箍筋，通过平行的两个摄像头模拟人眼进行拍照；拍照后通过预设的计算程序对箍筋进行图像识别，包括立柱箍筋、主筋间距、竖直度等，生成此截面的钢筋三维模型并获取三维坐标；根据二维码位置每隔0.5m进行一次检测，当运行到最后一个检测二维码并完成检测后，拼接各截面钢筋图像及三维模型，计算得整个立柱钢筋表面平整度、主筋、箍筋竖直度及间距偏差记录表；通过场内5G网络将数据传输至智慧工厂系统，生成检测报告，此检测报告可作为构件生产记录表，使构件质量可追溯。

②开发智能测量工具。

针对复杂环境条件等的人工检测，借助现有信息化技术和网络技术等，通过测量工具的智能化改造，实现实测实量和数据自动化采集、上传功能，可以快速完成结构物的测量验收，一键完成测量数据的记录，极大地提高了测量效率，也避免人为读数失误，见图5.1-16。

智能靠尺　　激光测距仪　　智能卷尺

图5.1-16　智能测量工具及一键上传

③构件批次验收引用。

随着桥梁结构领域大量先进设备的使用，如智能数控设备、固定胎模架、钢筋笼滚焊机等，钢筋半成品及骨架的加工效率和精度得到了极大提高，通过对设备的定期标定或校核，即可保证质量。

（4）工艺互联网类的质量数据无感采集

①试验检测数据的信息化采集。

浙江省当前采用的公路工程试验检测管理系统主要存在两个问题：一是缺乏决策支持，缺乏系统性和整体考虑，信息开放性差，共享难度大；二是试验监测仪器设备信息化智能化程度低。

针对现有不足，首先进行管理软件系统的迭代升级，对检测报告实行标准化管理，实现试验检测全过程的智能化管控、物联网检测数据的自动采集和实时上传，试验数据结果"来源可查、去向可寻、监督留痕、共享留口"。其次，对试验检测仪器设备进行"数字赋能"，包括新购数字化设备和对已有设备的数字化"微"改良，如进行物联网改造或标准数据接口设计等，主要涉及压力试验机、恒温恒湿养护控制仪、万能材料试验机、静载锚固试验机、成孔质量检测仪、张拉应力检测仪、锚杆质量检测仪、密实度质量检测仪、马歇尔稳定度仪、针入度仪、延度仪、软化点仪等，使之具有自动采集、记录和传输检测数据的能力，提升传递效率，见图5.1-17。

图5.1-17　智能测量工具及一键上传

②智能张拉数据的无感自动采集。

梁板智能张拉系统可以自动生成张拉记录表，通过联网技术，可以将数据共享至业主、施工、设计、检测以及监理等参建各方，可以有效突破空间限制，实现对施工的远程管理，可以有效提升工程数据的真实性，见图5.1-18。

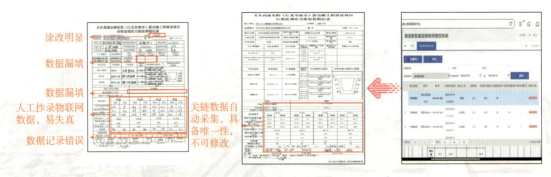

图5.1-18　智能张拉系统自动生成张拉记录表

③其他工艺互联网类的质量数据无感采集。

详见第5.2节相关内容。

8）线上审批、限时审批

审核人员通过移动端进行在线审核，平台会自动发送短信通知审核人在规定的时间内进行审核。对逾期未审核的，平台通知督办，动态记录审核人员不规范审签行为，便于核查督办，做到公平公正，公开透明，见图5.1-19～图5.1-21。

图5.1-19　限时审批　　　　　　　　图5.1-20　工序报验

公路工程建设项目

混凝土（原材料、配合比、拌和、浇筑）施工记录

施工单位	浙江交工集团股份有限公司			合同号	土建01标	
监理单位	浙江浙中建设工程管理有限公司			编号		浙路（JS601-1）
单位工程	东阳高架3号桥	分项工程		主梁	施工日期	2022-04-20
分部工程	上部构造预制和安装	桩号、部位		左幅110-3主梁	检测、记录日期	2022-04-20
项目				检查记录		备注
混凝土原材料进场验收		材料名称	规格型号	试验批准文号		
		水泥	P.O42.5	2022-SN-02		
		黄砂	机制砂	2022-XJL-030		
	碎砾石	碎石	4.75-9.5	2022-CJL-019		
		碎石	9.5-20	2022-CJL-019		
		碎石				
		碎石				
		碎石				
	掺加剂	减水剂	ZJJG-A01	2022-JSJ-003		
		缓凝剂				
		粉煤灰				
理论配合比				1:0.33:1.38:2.36:0.02		
混凝土强度（砂浆）等级				C50		
设计混凝土用量				46.4		
实际混凝土用量				47		
拌和物塌落度				200		
灌筑过程重要记事				正常		
照片附件						
现场监理	陈建			质检员	俞嘉豪	
日期	2022-04-20			日期	2022-04-20	

浙江省交通工程管理中心

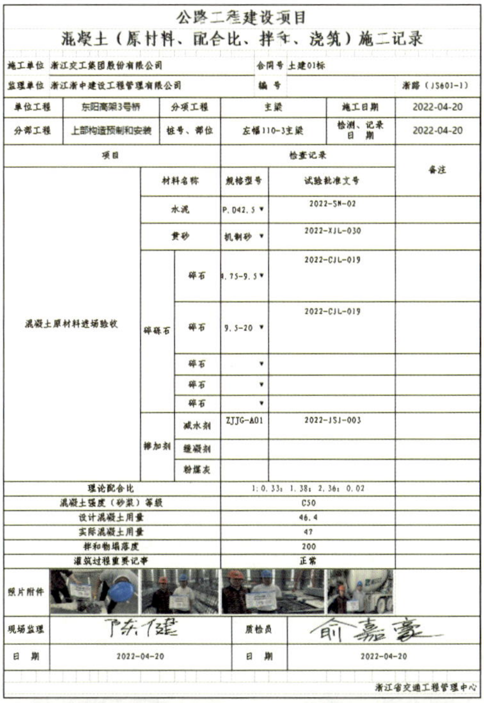

图 5.1-21　审批人员线上审核并上传施工照片（截图）

5.1.2.3　实时计量

数字化施工质量保证资料与计量支付系统互通，当计量部位分项下的工艺工序资料齐全且已交工验收，即可在计量系统内进行计量与支付。在计量支付系统中可以实时查看相关报表资料，根据实际的资料进行计量支付。真正实现工程完工即工完档清、工完账清，见图 5.1-22。

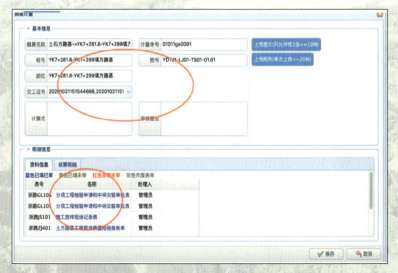

图 5.1-22　数字化质量保证资料自动关联计量

施工质量保证资料自生成之日起即位于终端之内，从计量支付到资料归档全过程都可监控。档案管理人员可以在系统内调取任何资料，保证档案信息的真实和完整，实现档案轻量化存储与精细化管理。

5.1.2.4 质量自动评定

建设单位、监理单位、施工单位、设计单位和第三方单位线上协同办公，完成施工质量自检评定、监理平行检验、建设单位质量评定等工作，大大提高了质量管理效率，见图 5.1-23。

钻孔灌注桩分项工程质量检验评定表

浙路（ZP）106[813]

分项工程名称:	桩基	工程部位:（桩号、墩台号、孔号）	92-2#桩基	所属建设项目(合同段)	土建01标
所属分部工程名称:	基础及下部构造（78#-158#墩）	所属单位工程:	东阳高架3号桥	施工单位:	浙江交工集团股份有限公司
分项工程编号:					

基本要求	□1、成孔后应清孔，并测量孔径、孔深、孔位和沉淀厚度，确认满足设计要求并符合施工技术规范规定后，方可灌注水下混凝土。 □2、水下混凝土应连续灌注，灌注时钢筋笼不应上浮。 □3、嵌入承台的锚固钢筋长度不得小于设计要求的锚固长度。															
实测项目	项次	检查项目	规定值或允许偏差	实测值或偏差值										质量评定		
				1	2	3	4	5	6	7	8	9	10	平均值、代表值	合格率（%）	合格判定
	关键项目	混凝土强度（MPa）	在合格标准内	见附表											100	合格
		孔深（mm）	≥设计值	见附表											100	合格
		桩身完整性	每桩均满足设计要求；设计未要求时，每桩不低于II类	见附表											100	合格
	一般项目	桩位（mm） 群桩	≤100	见附表											100	合格
		桩位（mm） 排架桩	≤50	见附表											100	合格
		孔径（mm）	≥设计值	见附表											100	合格
		钻孔倾斜度（mm）	≤1%S，且≤500	见附表											100	合格
		沉淀厚度（mm）	满足设计要求	见附表											100	合格
外观质量	□1.无限制性非受力裂缝和受力裂缝； □2.无漏筋和因锈胀引起的混凝土剥落，引发更大面积的锈蚀； □3.砼表面无深度超过10mm的大面积蜂窝、疏松； □4.无棱线不直、翘曲不平等外形缺陷； □5、凿除桩头预留混凝土后，桩顶应无残余的松散混凝土。													质量保证资料	真实齐全	
工程质量等级评定	合格															
质检员负责人:		质检员:				日期	2021-06-24									

图 5.1-23　质量智评（截图）

工程质量关键数据无感采集至数字化验收模块，杜绝人为干扰，数据客观、真实，见图 5.1-24 ~ 图 5.1-26。

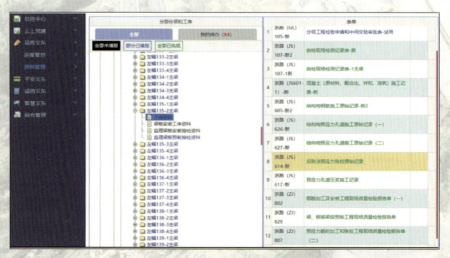

图 5.1-24　数字化验收模块

第 5 章 数智建设

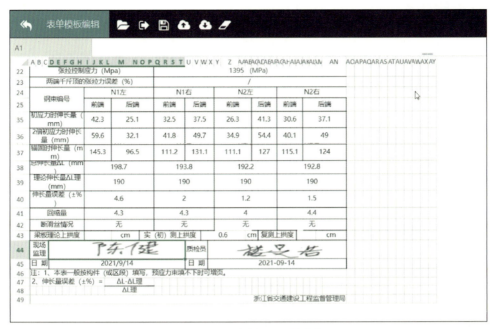

图 5.1-25 质量数据无感采集

图 5.1-26 梁板预应力质量智评

149

5.2 施工质量管控智慧化

依托义东项目阳光平台,开发智慧工地(智慧义东)管理模块,利用物联网技术实施施工质量智慧化管控,主要涉及混凝土拌和站、预应力张拉和压浆设备、沥青路面施工机械设备等物联网改造。

5.2.1 混凝土智慧拌和

公路工程建设中,混凝土拌和站管理是工程质量管理中的重要一环。随着信息化时代的到来,信息技术已成为当代最具潜力的生产力。因此,做好拌和站的质量管控,就必须利用先进的信息技术,实现拌和站智慧化管理。而传统混凝土拌和站管理,存在着人机协同性差、生产管理行为追溯性不强、质量控制受人为因素影响较多、工作效率低下等诸多问题,已难以满足现代化建设对混凝土"质"和"量"的追求。为此,项目建设者通过技术攻关,引入国内领先的智慧拌和系统,利用数据无感采集、传输技术、数据分析和处理技术、超标预警技术等信息化手段,实现了从原材料进场、试验检测、智能化搅拌控制到成品验收的全过程追溯体系,有效对混凝土生产过程进行监控和质量监督,在原材料超标控制、管理成本、工作效率、优化产业工人作业环境和控制环境污染方面取得了显著成效。

5.2.1.1 拌和楼数字化管控功能

智慧建造中心是整个场站的核心。水泥混凝土拌和楼运用物联网、人工智能及自动化传感器技术,通过智慧拌和系统,引入无人收料与入仓引导、粉料仓电子门禁及料位监控、多机及远程管控、精计量控制与超差预警闭合、材料先检后用等八大子系统,打造了行业领先、智能高效、质量上乘的混凝土全溯源数字管控基地,实现了以下五大功能:

①生产标准化、智能化、傻瓜式:实现拌和站傻瓜式生产,通过智能化系统将生产流程标准化,有效提高生产效率。

②机器换人、机器减人:通过无人收料、远程集中一机双控、车辆智能调度实现机器换人、自动化减人,减少一线操作人员。

③改善优化场区作业环境,保障职业健康:将操作人员从嘈杂、粉尘污染环境中解放出来,门式自动洗车,环保监测与降尘联动,确保场内环境优良。

④数据分析便捷，成果自动生成：实现了全数据链贯通，可快速追溯，精准分析，报表成果一键生成。

⑤全影像可视化、智能调度和质量精准把控：无死角视频监控＋智能车辆调度管理＋红外智能料位盘点＋自动开锁，确保拌和流程核心节点精准管理，有效保障混凝土质量。

5.2.1.2　智慧化改造方案设计

1）混凝土拌和站物联网改造

实现混凝土各集料用量、配合比等关键质量数据的实时上传。关键性数据（配合比、外加剂用量、拌和时间等）发生超标时，具备初、中、高级预警功能，同步短信推送给施工、监理、业主等单位相关人员，并实现预警闭合功能。

2）混凝土拌和站任务单推送功能升级改造

根据分部分项划分清单，具备发起生产任务指令、接收配合比通知单、执行生产等功能；根据测试情况，推进混凝土拌和站任务单推送功能的应用。

3）物联网平台具备关键数据统计分析功能

可实现拌和站各档料的用量统计分析、施工配合比合格率以及生产施工配合比比对统计分析、混凝土超标统计、材料超标统计、材料误差分析等。

5.2.1.3　实施流程

应用智慧拌和系统精准管理的混凝土拌和工艺流程见图5.2-1。

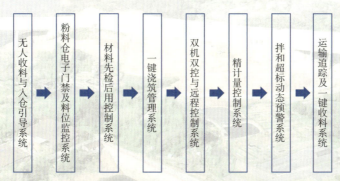

图5.2-1　混凝土智慧拌和流程示意图

1）无人收料及入仓引导系统

传统收料采用收料员和过磅员两班24h工作轮班制，所有原材料过磅单均由收料员填写验收单并签字后生效，收料员的责任心决定了收料的效率、数量的准确性和公正性。而通过应用无人收料自助引导系统，实现原材料无人收料、自动过磅，大屏上显示无人收料车辆信息，地磅无须值守，驾驶员通过微信小程序点选自助签单，即可轻松完成过磅收发料，配合地磅及料仓智能引导系统，轻松完成精准送料，实现了机械化换人、自动化减人，见图5.2-2。

a) 无人收料，自动过磅

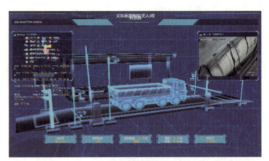
b) 无人收料车辆信息大屏

c) 自助签单

d) 入仓引导

e) 智慧引导系统

图 5.2-2　无人收料及入仓引导示意图

配备该系统，一是可实现收料员、调度员的并岗；二是通过信息的实时采集，可杜绝收料员（或过磅员）对材料商（或进料驾驶员）的吃、拿、卡、要等不良行为，有利于塑造项目"廉建形象"。

2）粉料仓电子门禁及料位监控系统

传统管理模式下，水泥和粉煤灰混仓投料现象时有发生。为确保粉料精准投料、驾驶员上料过程不爆仓，除入仓引导系统外，研发了粉料智能门禁及智能料位监测系统。智能门禁实现了料仓门禁的远程开启，试验室或职能部门可根据进场材料及车辆远程控制仓门，见图 5.2-3。

a) 职能部门远程开启料仓门禁

b) 粉料仓电子门禁

c) 料仓门开启

图 5.2-3　粉料仓电子门禁远程控制

通过智能料位监测系统，系统可实时显示吹灰上料过程中的罐内储量，满仓前自动预警，防止爆仓，如图 5.2-4 所示。

a)料位监测系统大屏显示　　　　　　　　　b)料位监测系统手机端

c)精准投料不爆仓　　　　　　　　　　d)监控系统实时显示罐内储量

图 5.2-4　料位监测系统

3）材料先检后用控制系统

混凝土原材料的稳定和先检后用是凝土拌和智能质量控制的首道关口。为防止原材料未检先用，依据行业监管部门及相关试验规程、规范要求，开发了原材料检验批自动监测与检验控制系统。该系统可根据原材料收料数量自动生成原材料检验批，并对试验室取样过程进行精准记录，依据试验报告结果自动切换原材料标示牌及料仓状态，合格为绿色，待检为红色。检验状态联动投料开关信号及红外预警系统，未检材料无法投料使用（系统自动锁死），确保原材料先检后用，见图 5.2-5。

图 5.2-5　原材料检验批自动监测与检测控制系统

153

4）一键浇筑管理系统

传统的混凝土浇筑，由技术人员向拌和站下达浇筑指令单，涉及的职能部门有工程科、试验室、监理办和拌和站，浇筑指令单需经上述职能部门签字流转，流程烦琐、工效低。通过开发一键浇筑管理系统，混凝土浇筑前，工程科技术人员通过系统发出浇筑指令，经监理云端审核后，下达至试验室，试验室根据浇筑指令要求完成配合比设计后，经监理云端审核后自动下达至拌和站生产控制系统的生产任务队列中，操作手只需点击该生产任务即可实现一键生产。与传统模式相比，通过一键浇筑管理系统下达浇筑指令、云端审核、录入配合比、一键生产的高效协同，不仅保证了混凝土拌和质量控制流程的规范性和管理便捷性，而且减少了相关部门对数据的重复录入，直接提高生产效率30%以上，见图5.2-6。

a)技术员下达浇筑指令

b)监理云端审核

c)试验室配合比设计

d)操作手一键生产

e)一键浇筑管理系统

图5.2-6 一键浇筑管理系统

5）双机双控与远程控制系统

传统拌和站管理中，每个机组至少配备两名操作手（24h 双班制不间断），且拌和操作间布置在拌和仓边，车间噪声污染及粉尘污染危害大，员工长期工作易得职业病。为优化作业环境和减员增效，研发了双机双控与远程控制系统，该系统搭建在远程控制中心，使拌和操作室远离拌和仓，优化作业环境的同时，实现了一人操作两台拌和机，工作任务随时切换（可直接减少操作人员 1~2 名），显著提高了岗位协同工作效率，见图 5.2-7。

a)双机双控系统

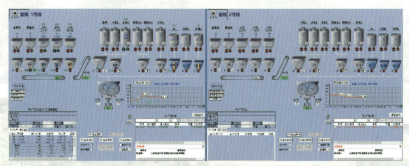

b)远程协助工具(一)

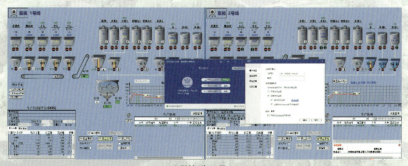

c)远程协助工具(二)

图 5.2-7　双机双控与远程控制系统

6）精计量控制系统

传统混凝土拌和中，因机械误差或操作工人不良操作习惯，易出现超差现象而影响混凝土拌和质量。为此，项目配备了精计量控制系统，通过高速信号转换控制器及点动配料、超称扣称等机制来防止混凝土拌和质量超差现象，见图5.2-8。与传统控制系统相比，采用该系统可有效降低因机械误差等带来的超差率达80%以上。

a)下沉式原材料输送带　　　　b)下料口及称重设备　　　　c)称重设备上的传感器

图 5.2-8　精计量控制系统

7）拌和超标动态预警系统

针对混凝土拌和易超标问题，开发了拌和超标动态预警系统，对超差混凝土实行分级预警、影像留痕等有效闭合，防止不合格混凝土应用于工程实体中，见图5.2-9、图5.2-10。

图 5.2-9　超标信息查询　　　　　　　　　　　　图 5.2-10　超标预警短信提醒

8）运输追踪及一键收料系统

混凝土质量不仅受原材料及混凝土拌和过程影响，也受运输、浇筑时长的影响，掌握每盘混凝土拌和料的浇筑部位，可实现混凝土拌和成品料的质量追溯。为此，针对性地开发了混凝土运输追踪及一键收料系统，该系统不仅可以实时追踪混凝土运输线路，监控罐车行驶路径和位置，而且可以实现混凝土卸料地点的自动监控和一键扫码签收，现场技术员通过手机App实时查询施工点位置，控制混凝土存放时间和反馈质量，从而确保了拌和站、驾驶员和现场技术员的多方有效协同，实现混凝土浇筑时长和浇筑方量的精准控制，对不合格混凝土做退回处理，也可防止"跑冒滴漏"现象，见图 5.2-11、图 5.2-12。

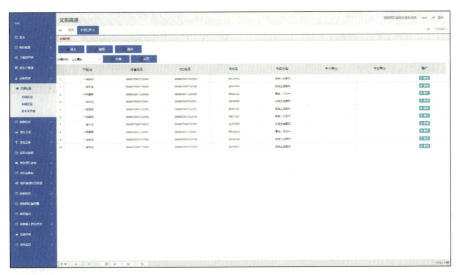

图 5.2-11　运输车辆信息查询

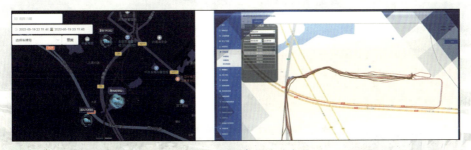

图 5.2-12　运输车辆追踪定位

5.2.2　智慧仓储

针对原材料管理采购测算难、库存监管难，特别是分散于各工点的材料"未批先进""未检先用"等业界难题，义东项目直面行业痛点和难点，结合前沿技术，创新推出"4+"（管理+、超市+、配送+、智慧+）原材料智慧仓储中心，通过分设"实体仓+虚拟仓"模式，置挂电子芯片，签发二维码发料单，实现原材料使用全流程闭合，实现物料集中管理及智能配送。

与传统领料的繁复流程不同，工程所需一切原材料一进场即根据仓储类别、现场实际进行虚拟与实体分仓，钢筋、锚杆、型钢等大型材料进入虚拟仓，支座、垫块、土工格栅等小型材料进入实体仓，采用无线射频芯片识别、"互联网+"等技术对原材料进行仓储定位、数量确认，见图 5.2-13、图 5.2-14。

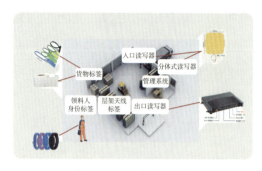
图 5.2-13　无线射频技术

图 5.2-14　实体仓

机料部门根据配送工点及存量，要求供应商定点定时供货，货到工点后即进入虚拟或实体待检仓，由机料员发起验货流程，同步推送到试验室，经抽检合格后，原材料由待检仓进入使用仓存放，若不合格，将被退仓。

领料员通过手机 App 申报领用材料，经机料、工程部门和分管领导在线审批通过后，生成领料二维码，推送至领料员。领料员可凭二维码进仓，扫二维码取料，系统通过芯片感应自动核减数量、登记出库、开闸放行，完成了整个领料过程。一码通行，无须值守，领料信息同步推送至"一点三员"（每个施工现场固定的技术员、安全员和班组长）。如果人单不符、单单不符、冒领多领，系统会马上预警。对于存放于虚拟仓中的中大型材料，领料流程完全一致。在智慧仓储中心看板上，检验批次、收发料、试验检测统计分析、实时领料在线审批、库存预警等全都一目了然，管理员可实时了解报检、使用和库存等情况，实现动态精准控制，见图 5.2-15。

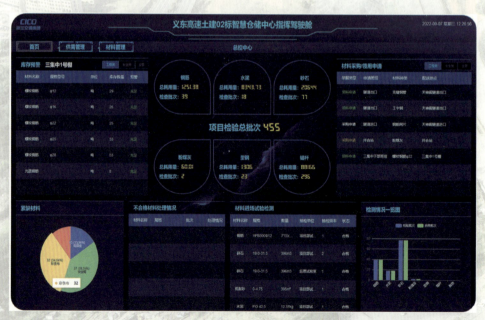
图 5.2-15　智慧仓储中心看板

采用智慧仓储，通过严把源头关，切实解决了原材料管控中存在的未检先用、未批先用、抽检频率不足等问题。

5.2.3 预应力张拉、压浆物联网改造应用

智能张拉与压浆已广泛应用于桥梁等结构物的预应力张拉作业，但仅限于张拉等数据的自动化采集，还不能直接用于施工质量保证资料形成，一般得通过人工转录形成纸质资料，进行审批、存档，徒增大量人力、资金、时间成本。因此，需要对施工质量保证资料中的张拉原始记录表格和智能张拉程序中的数字采集模块同时进行优化，使之相互匹配，张拉数据的采集过程即为施工质量保证资料中的张拉原始记录的形成过程。

5.2.3.1 方案设计

①对混凝土构件预应力智能张拉、压浆设备进行物联网改造，实时监控张拉应力、伸长量、压浆量、压浆压力等关键质量数据，实现张拉次数、压浆次数、张拉应力合格率以及伸长率统计分析等功能。

②根据现场上传的监控数据，物联网平台实现分级预警、闭合管理功能。

③无感采集张拉、压浆数据，以表单形式自动推送至质量保证资料。

5.2.3.2 实施

1）智能张拉

（1）设备配置

智能张拉系统由程控主机、前端控制器、压力传感器、伸长量测量传感器、上拱度测量传感器等构成。预应力张拉施工过程中，通过程控主机实现张拉预应力的程序化控制，再通过油泵与千斤顶的综合作用来实现张拉，为此三者相互联系并相互作用，进而实现系统的最佳功能。智能张拉设备应具备数据存储查询、异常警报、数据传输、数据共享（张拉设备接口与物联网数据接口互通）等功能，具体设备要求如下：

①智能张拉控制单元或客户端软件需提供完整的数据接口，工控计算机预留 USB 或 RS232 接口或控制台具备无线数据上传模块，张拉设备厂家需具备相应技术能力对接口进行开发。

②预应力智能张拉设备具备联网实时上传数据接口，能够连接数据中心，采集到的数据以 TCP/IP 协议通过有线或无线形式上传至项目云平台，并保证数据稳定可靠、准确及时。

③预应力智能张拉设备具有时钟校准功能、断点续传功能、数据校验功能、开机和关机功能、系统日志功能、角色权限管理功能、用户管理功能、数据分析功能、查询功

能、导出功能与报警功能（包括在线状态提示、网络通信异常报警、数据异常报警与消警），能在系统内发出报警通知并通过短信通知相关人员。

（2）张拉数据无感采集智能张拉工艺

智能张拉体系将张拉预应力作为主要的控制指标，通过计算机的程序化输入方式（图5.2-16）输入主机，同时引进伸长量的误差范围作为辅助的校对指标，结合传感器控制技术实现系统数据的采集工作。

主机由嵌入式工业计算机、触摸屏及专门的程控软件系统组成，可通过无线信号对一个或多个前端控制器进行测控。主机按预设的张拉程序及相应参数指令一个或多个测控前端工作，根据前端回传的监测数据（图5.2-17）计算出测控指令，持续测控前端。前端控制器监测千斤顶的工作拉力和钢绞线的伸长量（回缩量）等数据，实时将数据传输给测控主机，并接收主机的测控指令，根据指令实时调整变频器的工作参数，从而实现高精度实时调控油泵电机的转速，实现张拉力及加载速度的实时精确控制。

图5.2-16　智能张拉

图5.2-17　物联网数据采集

具体张拉工艺步骤如下：

①张拉作业前，智能张拉设备安装数据传感器，传感器具备无线或有线传输功能。在张拉作业之前，相关技术人员和监理人员对构件进行检验、预应力参数核查，检验结果符合质量标准要求后方可张拉。经监理单位在系统内审核批准后，张拉控制系统才能启动。

②启动智能张拉设备后，现场操作人员、监理员摄像，由现场操作人员启动张拉程序。智能张拉系统发出信号，传递给智能张拉设备，控制专用千斤顶按预先编制的张拉顺序进行对称均衡张拉。

③张拉过程中，智能张拉系统测量每一级张拉后的活塞伸长值，并随时检查伸长值与计算值的偏差。

（3）数据传输与存储

智能张拉系统对张拉的数据进行存储并实时传输至物联网系统，数据传输完成后自动存储在物联网平台（图 5.2-18），此后数据无法被修改，且每级数据与张拉的构件有唯一性；根据 WBS 分部分项划分数据，推送物联网数据至数字化质量保证资料相应表单。

（4）数据加密与引用

项目管理平台具有数字化质量保证资料模块，且该模块与物联网平台接口互联互通，当技术人员使用 App 填写数字化质量保证资料、选择张拉作业的预应力构件时，通过两个平台的互联互通自动推送张拉数据至资料表格中对应的单元格中。

通过联网，可以将数据共享至业主、施工、设计、检测以及监理等参建各方，可以有效突破空间限制，实现对施工的远程管理，可以有效提升工程数据的真实性，可真实地还原施工过程，实现施工质量的精确化控制，提升施工效率。

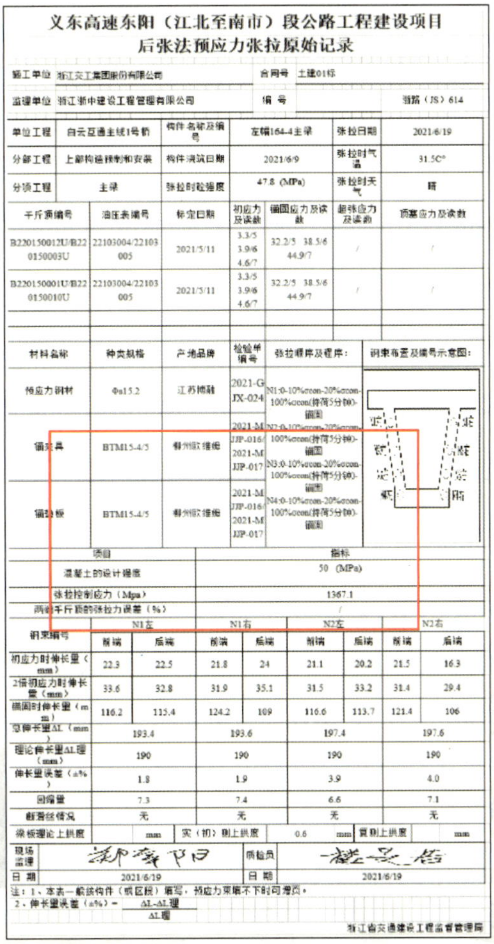

2）智能压浆

（1）智能压浆原理

智能压浆系统可以确保预应力筋处于混凝土的保护层之中，使得钢筋免受环境因素的影响而遭到破坏。智能压浆是提升桥梁结构耐久性的重要措施之一。智能压浆系统结构见图 5.2-19。

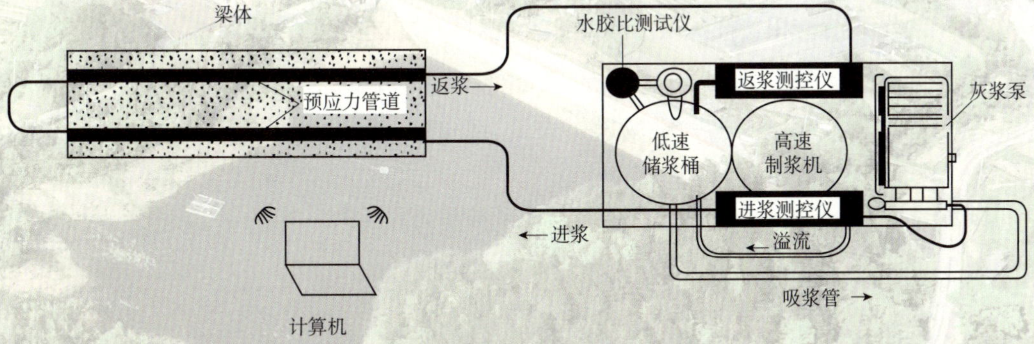

图 5.2-18　数据无感采集至数字版用表

图 5.2-19　智能压浆系统结构

智能压浆系统通过压力冲孔，使得管道内部的杂质得以排尽，有效消除管道内部压浆不密实的情况。此外，在预应力管道的进浆口与出浆口，通过安装精密的传感器实现相应参数的实时监测，通常情况下监测的数据主要包括浆液的水胶比、管道的压力、压浆的流量等。通过将所监测的数据及时发送至计算机主机，结合主机的分析与判断，对相应测控系统进行反馈，使得相应的参数值能得到及时调整，直至整个压浆过程顺利完成。

（2）智能压浆设备

系统主要包括计算机主机、测控体系与循环压浆体系。智能压浆体系的回路主要由预应力管道、制浆机与压浆泵构成，通过计算机主机的程序化控制，实现浆液在预应力管道内部的持续循环，直至排尽管道内部的空气。若浆液在回路的循环过程中出现堵塞，会被及时发现并得到处理。具体设备要求如下：

①智能压浆控制单元或客户端软件提供完整的数据接口，工控计算机预留 USB 或 RS232 接口或控制台具备无线数据上传模块，设备厂家需具备相应技术能力对接口进行开放、接收。

②智能压浆设备具备联网实时上传数据功能，能够连接到数据中心，采集到的数据以 TCP/IP 协议通过有线或无线形式上传至项目云平台，并保证数据稳定可靠、准确及时。

③智能压浆设备具有时钟校准功能、断点续传功能、数据校验功能、开机和关机功能、系统日志功能、角色权限管理功能、用户管理功能、数据分析、查询、导出功能提示与报警功能（包括在线状态提示、网络通信异常报警、数据异常报警与消警），能在系统内发出报警通知并通过短信通知相关人员。

智能压浆系统的应用，可以实现压浆数据的自动化采集、上传，压浆数据的采集过程即为施工质量保证资料中的压浆原始记录的形成过程。

（3）智能压浆施工工艺

①压浆作业前，相关技术人员和监理人员对构件进行检验，检验结果符合质量标准要求后方可张拉。经监理单位在系统内在线审核批准后，压浆控制系统才能启动。

②启动智能压浆设备后，现场操作人员、监理员摄像，由现场操作人员启动压浆程序。

③智能压浆设备制浆过程中，浆液最高温度不高于35℃且最低温度不低于5℃，超出范围则系统自动预警、停止制浆。

（4）数据传输与存储

智能压浆系统对张拉的数据进行存储并实时传输至物联网系统，数据传输完成后自动存储在物联网平台，数据无法被修改，且每级数据与张拉的构件有唯一性。

（5）数据加密与引用

项目管理平台具有数字化质量保证资料模块，且该模块与物联网平台接口互联互通，当技术人员使用 App 填写数字化质量保证资料、选择张拉作业的预应力构件时，通过两个平台的互联互通自动推送压浆数据至资料表格中。

压浆试件龄期达到 28d 后，工地试验检测人员通过压力机对试件进行检验，压力机自动采集数据，上传至试验检测平台并自动生成试验检测报告，试验检测平台相关单位人员对检测报告进行签审，最终形成的试验检测报告通过试验检测平台上传到"浙路品质"数字化应用平台，共享数据。

5.2.4 沥青路面施工质量智控系统

义东项目通过物联网系统的改造应用，建成涵盖沥青面层施工全过程的质量智控系统，涉及拌和、运输、摊铺、碾压以及试验检测环节的数据采集、传输、分析、预警与处理，实现对关键质量数据的实时管控、分级预警和闭环管理。

5.2.4.1 系统构成

系统由施工质量数据采集系统和施工质量远程管理系统两大部分构成。施工质量数据采集系统由拌和楼、运输车、摊铺机、压路机、试验机等机械设备及数据采集设备构成，见图 5.2-20。

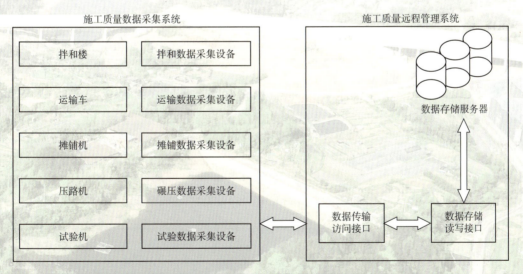

图 5.2-20　沥青路面施工质量智控系统架构图

5.2.4.2 施工质量数据采集系统

1）数据采集功能

数据从施工设备直接获取，或从附加传感器中获取。数据采集内容包括拌和、运输、摊铺以及碾压环节的数据。各类数据采集模块、采集指标及采集频率见表 5.2-1~表 5.2-5。

沥青原材料试验管控设备、关键指标、采集方式及频率　　　　表 5.2-1

模块	设备	关键指标	采集频率
试验检测管控	沥青试验类	针入度	实时采集
		软化点	实时采集
		延度	实时采集
		马歇尔稳定度	实时采集
	红外光谱类 红外光谱仪	相似度、SBS 含量	实时采集

沥青混合料拌和管控设备、关键指标、采集方式及频率　　　　表 5.2-2

模块	设备	关键指标	采集方式	采集频率
拌和站数据采集	生产数据采集设备 温度数据采集设备 定位设备 显示设备	油石比	读取拌和楼控制系统数据	逐盘采集
		矿粉用量		
		沥青加热温度		
		集料加热温度		
		拌和时间		
		混合料出料温度		

沥青混合料运输管控设备、关键指标、采集方式及频率　　　　表 5.2-3

模块	设备	关键指标	采集方式	采集频率
沥青混合料运输采集	车顶电子标签 车尾电子标签 出料口射频识别设备 摊铺机射频识别设备 定位设备	离开拌和楼时间	利用拌和楼出料口的射频识别设备和运输车上的电子标签，识别运输车离开拌和楼时间	逐车采集
		开始卸料时间	利用摊铺机上的射频识别设备和运输车上的电子标签，识别运输车开始卸料时间	
		运输里程	利用运输车上的定位设备，采集车辆的位置数据	实时采集
		运输过程温度	利用运输车上的温度监测设备，采集沥青混合料温度数据	

沥青混合料摊铺管控设备、关键指标、采集方式及频率　　　　表 5.2-4

模块	设备	关键指标	采集方式	采集频率
沥青混合料摊铺采集	摊铺温度采集设备 定位设备 控制与传输设备 显示设备	摊铺位置	利用定位设备采集平面定位数据	1 次 /10s
		摊铺速度	利用定位设备采集摊铺速度	
		摊铺温度	利用温度传感器采集摊铺沥青混合料的温度	

沥青混合料碾压管控设备、关键指标、采集方式及频率　　表 5.2-5

模块	设备	关键指标	采集方式	采集频率
沥青混合料碾压采集	温度采集设备 定位设备 控制与传输设备 显示设备 告警设备	碾压位置	利用定位设备采集平面定位数据	≥1次/s
		碾压速度	利用定位设备采集碾压速度	
		碾压温度	利用温度传感器采集路表面的温度	
		碾压遍数	利用定位设备采集碾压遍数	≥5次/m²

2) 数据采集设备安装

拌和数据采集设备宜安装在拌和楼控制室操作台，数据无线传输模块应无遮挡，保证通信正常；温度采集设备应安装在出料口；显示设备需安装在拌和楼侧面横梁下方，见图 5.2-21。

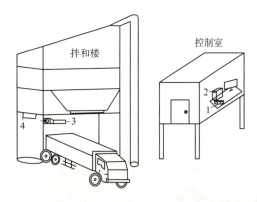

图 5.2-21　沥青混合料拌和数据采集设备安装示意图

1- 拌和数据采集设备；2- 拌和楼工控机采集程序；3- 温度采集设备；4- 显示设备

沥青混合料运输数据采集设备安装位置要求：车顶电子标签宜安装在运输车顶前侧；车尾电子标签宜安装在运输车尾门；出料口射频识别设备宜安装在拌和楼出料口，与运输车驶入水平方向宜成 60°~75° 倾角；摊铺机射频识别设备宜安装在摊铺机驾驶室侧前方，与车尾电子标签保持在同侧，与摊铺机前进水平方向宜成 60°~75° 倾角；定位设备宜安装在运输车驾驶室内，见图 5.2-22。

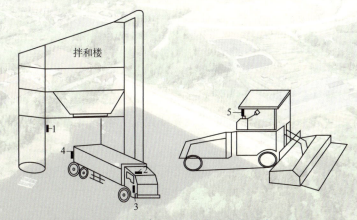

图 5.2-22　混合料运输数据采集设备安装示意图

1- 出料口射频识别设备；2- 车顶电子标签；3- 定位设备；4- 车尾电子标签；5- 摊铺机射频识别设备

沥青混合料摊铺温度采集设备宜垂直、等间距安装在摊铺机熨平板后侧，与铺面距离宜为 10~40cm，温度传感器数量宜不少于 3 个；定位设备宜安装在摊铺机顶部横向中央位置；控制与传输设备宜安装在摊铺机驾驶室内；显示设备宜固定在摊铺机顶棚下方的横梁机架上，见图5.2-23。

沥青混合料碾压温度采集设备需固定在压路机车身一侧且与路面的距离不大于50cm；定位设备宜安装在压路机顶棚横向中央位置；告警设备宜安装在压路机顶棚边缘；控制与传输设备宜安装在压路机驾驶室内；显示屏宜固定在压路机顶棚下方；显示平板宜固定在压路机驾驶室内，见图5.2-24。

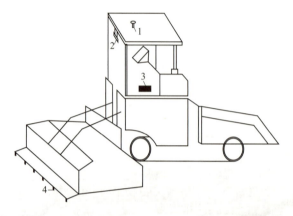

图 5.2-23 混合料摊铺温度采集设备安装位置示意图
1-定位设备；2-显示设备；3-控制与传输设备；4-摊铺温度采集设备

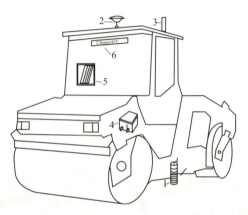

图 5.2-24 混合料碾压温度采集设备安装位置示意图
1-温度采集设备；2-定位设备；3-告警设备；4-控制与传输设备；5-显示平板；6-显示屏

3）数据传输功能

沥青面层施工区域需具备稳定的网络通信信号。数据传输需具备数据加密和断点续传的功能。现场硬件终端主动推送数据到远程管理系统。

5.2.4.3 施工质量远程管理系统

1）数据展示分析功能

（1）沥青原材料试验数据展示分析

①自动统计项目各标段沥青针入度试验委托数量，各试验类型委托占比，针入度试验数据合格率。

②自动统计项目各标段沥青软化点试验委托数量，各试验类型委托占比，软化点试验数据合格率。

③自动统计项目各标段沥青延度试验委托数量，各试验类型委托占比，延度试验数据合格率。

④通过光谱图对比快速确定品牌、型号、批次及产地；通过对指纹图谱的特征吸收峰进行分析，可判断添加剂的掺量。采集光谱图比对结果，分析沥青组成分子相似度，

判定沥青源头，采集、监测 SBS 改性剂含量，对检测结果进行统计。

（2）沥青混合料拌和数据展示分析

沥青混合料拌和智能监控系统，能够实时监控沥青混合料配合比、集料加热温度、拌和时间、沥青混合料出料温度等关键质量数据，对不达标的数据发出预警和提醒，见图 5.2-25。

图 5.2-25　沥青拌和站生产数据查询

其数据展示、分析功能有：

①实时分析各热料仓材料用量、油石比、外掺剂用量、矿粉用量、沥青混合料级配、沥青加热温度、集料加热温度、拌和时间、沥青混合料出料温度等数据，超过阈值及时预警，并生成数据分析台账。

②根据沥青混合料拌和生产量，显示、分析逐盘采集的沥青混合料的油石比、各材料用量、沥青混合料级配、沥青加热温度、集料加热温度、拌和时间、沥青混合料出料温度等信息。

③按日、周、月、季度等时间间隔，统计各热料仓材料用量、油石比、矿粉用量、沥青混合料级配、沥青加热温度、集料加热温度、拌和时间、沥青混合料出料温度等数据的平均值、极差、合格率以及变异系数。

④绘制油石比、矿料级配、拌和时间、出料温度等数据随生产时间变化的波动图，辅助分析沥青混合料生产稳定性。

（3）沥青混合料运输数据展示分析

通过全球卫星系统定位模块上传运输车位置数据，在地图上展示每辆车的实时位置、状态（接料中、运输中、摊铺中、空车）、接料开始时间、接料截止时间、接料时长、摊铺开始时间等，见图 5.2-26。

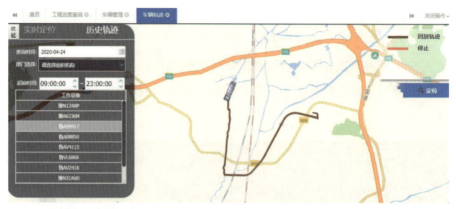

图 5.2-26　车辆运行轨迹

对运输车辆加装全程温度监控系统，利用插入式温度传感器，在车厢外侧加装集成电路盒，通过通信模块将温度数据实时上传至数据平台，实时监测运输过程中的混合料温度信息。其数据展示分析功能有：

①实时分析运输温度、运输时间、运输速度、运输里程等数据，超过阈值及时预警，并生成数据分析台账。

②根据每天沥青混合料运输过程，显示、分析运输过程中实时采集的温度、运输轨迹等信息。

③按日、周、月、季度等时间间隔，统计运输温度的平均值、极差、合格率以及变异系数。

（4）沥青混合料摊铺数据展示分析

沥青混合料摊铺管理系统通过物联网、高精度定位、红外传感等技术，采集摊铺机的摊铺轨迹、摊铺速度、摊铺温度等信息，当数据超出预警阈值，对异常数据进行分级预警，将预警信息快速、准确地发送给管理人员，实现摊铺作业管理可控化，见图 5.2-27~图 5.2-29。

图 5.2-27　路面摊铺现场

第 5 章 数智建设

图 5.2-28 摊铺过程数据查询

图 5.2-29 摊铺温度

其数据展示分析功能有：

①实时分析摊铺温度、速度等数据，超过阈值及时预警，并生成数据分析台账。

②根据沥青混合料摊铺施工过程，显示、分析摊铺作业过程中实时采集的摊铺温度、松铺厚度、摊铺速度、摊铺时间、摊铺桩号、摊铺轨迹等信息。

③按日、周、月、季度等时间间隔，统计摊铺温度、速度数据的平均值、极差、合格率以及变异系数。

④绘制摊铺温度、速度等数据随施工桩号变化的波动图，辅助分析摊铺作业稳定性。

（5）沥青混合料碾压数据展示分析

通过安装温度、速度传感器及显示终端，实时显示压实过程中的温度、速度、轨迹及遍数，对欠压等异常数据进行分级预警，将预警信息快速、准确地发送给相应人员，实现压实作业管理可控化，见图 5.2-30～图 5.2-32。

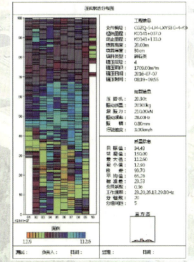

图 5.2-30 压实状态

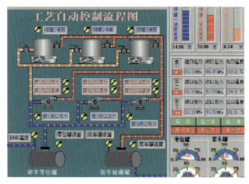

图 5.2-31 设备实时数据 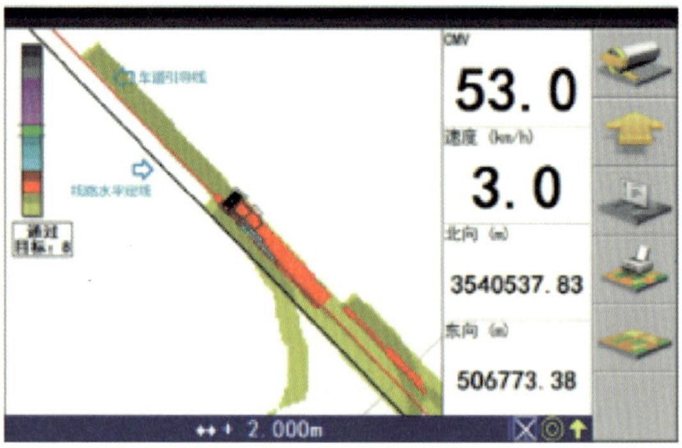　　　　　　图 5.2-32 碾压遍数、速度

其数据展示分析功能有：

①实时分析碾压遍数、温度、速度等数据，超过阈值及时预警，并生成数据分析台账。

②根据沥青压实施工过程，显示、分析每台压路机实时采集的压实作业过程中的压实温度、压实速度、压实遍数、碾压云图等信息。

③按日、周、月、季度等时间间隔，统计碾压遍数、温度、速度等数据的平均值、极差、合格率以及变异系数。

④绘制碾压云图，辅助分析超压和欠压区域。

⑤绘制碾压遍数、温度、速度等数据随施工桩号变化的波动图，辅助分析碾压作业稳定性。

（6）沥青路面智慧检测展示分析

沥青针入度仪、软化点试验仪、延度仪、红外光谱仪、自动马歇尔试验仪通过蓝牙通信模块与移动终端进行交互，试验人员可通过移动终端对设备进行控制，试验数据由设备通过蓝牙传输至移动终端，再通过移动终端上传至系统平台，见图 5.2-33、图 5.2-34。

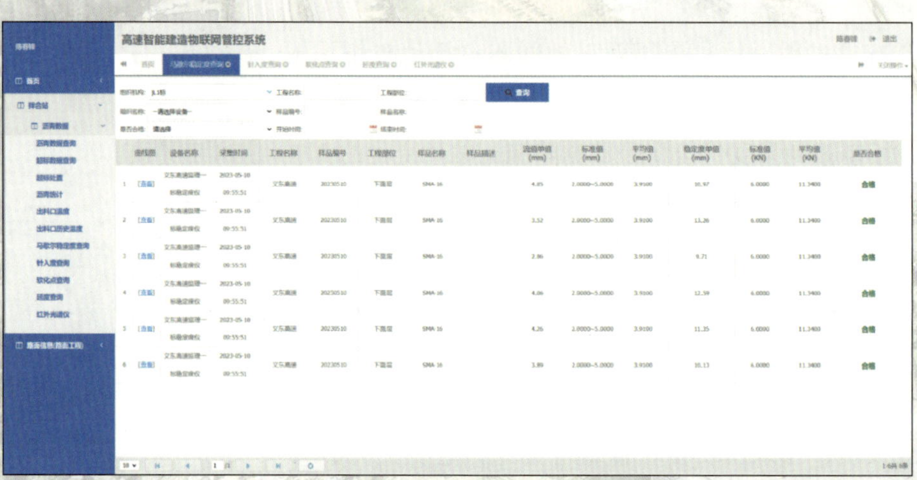

图 5.2-33 马歇尔试验仪数据

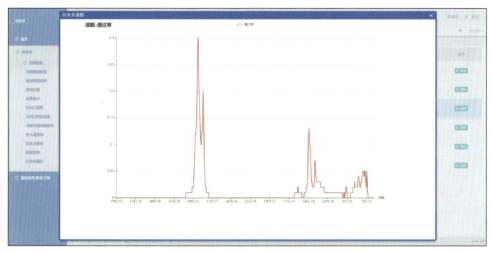

图 5.2-34　在线红外光谱预览

2）数据预警及处置闭环

按照不同指标、不同程度的阈值范围进行预警等级划分，并根据等级报送预警消息至信息化系统对应用户。沥青混合料拌和各项指标预警等级分为初级、中级、高级三级，不同等级预警报送对象可接收相应等级的预警信息。沥青混合料运输、摊铺与碾压过程超出预警阈值，告警设备即发出预警，各参建单位进行分级预警干预处置。中级预警由监理单位审核并在 8h 内闭合，高级预警由建设单位审核并在 4h 内闭合。

针对不适用初、中、高分级预警干预处置的内容，建议监理单位与施工单位根据现场情况，加大检测频率，结果不满足相关规范要求（或设计要求）时返工处理。

针对原材料检测，施工自检不合格则该原材料应予以退场处理（系统内应有预警、干预处置的记录）；建设、监理单位抽检发现不合格的原材料应予以退场处理（系统内应留有预警、干预处置的记录），建议 72h 内（从触发预警至监理指令或相关文件下发之时）完成闭环处置。

沥青混合料拌和数据预警通过短信渠道实时发送，前场摊铺、碾压等预警以现场蜂鸣或警示灯方式提醒。

5.2.5　试验检测管控智慧化

5.2.5.1　方案

依托义东项目"阳光平台"，对试验检测设备进行物联网改造，实现物联网平台与信息化系统的数字化协同管理。

1）试验检测设备数字化改造

①试验检测设备数字化改造主要涉及万能试验机、压力机、水泥抗折抗压一体

机、混凝土强度回弹仪、钢筋保护层厚度检测仪、桩基超声检测仪、沥青三大指标检测设备等。

②完成参建各方试验室检测设备的改造升级,实现实时上传功能,检测报告自动推送至质量保证资料,可随时查阅报告内容。

③通过物联网平台,检测数据可溯源可核查,实现均值、均方差、离散率及合格率等多维度的统计分析功能。

2)业务数字化协同

①人员标化管理:在信息化系统平台研发试验检测人员考勤、履约审批报备管理、信用评价管理及奖惩统计等功能。

②检测设备标化管理:在信息化系统平台实现检测设备进出场审批备案、标定、期间核查等管理。

③原材料检测流程管控:在信息化系统平台建立原材料入库名单、原材料进出场审批报备、每批次原材料报检报验等程序,实现原材料检测参数、合格率等统计分析功能,解决检测频率及批次不足等问题,确保检测及时。

④环境监测智能管控:实现试验室温湿度实时监测,上传至物联网平台,且具备自动预警功能。

⑤检测数据智能管控:通过系统研发,实现万能试验机、压力试验机、水泥抗折抗压一体机、混凝土强度回弹仪、钢筋保护层厚度检测仪、桩基超声检测仪等数据自动上传至物联网平台,并具备数据统计、分析功能。

3)智能监控

①隧道监控量测:实现对检测频率和测量数据超标预警、闭合功能;隧道超欠挖、净空测量采用3D扫描,实现数据无感采集,将数据上传至物联网平台,实现质量安全过程控制。

②试验室监控设备:具备90d本地存储功能,具备实时调阅功能。

5.2.5.2 实施

通过试验项目业务系统迭代升级,实现网上办公,人员、设备、样品、环境等标准化管理,试验全过程影像记录,检测报告系统自动生成,试验检测设备数字化改造,赋予压力试验机、万能试验机、水泥抗折抗压一体机、恒温恒湿养护控制仪、混凝土强度回弹仪、钢筋保护层厚度检测仪、桩基超声检测仪、沥青三大指标检测设备等常用试验检测设备检测数据自动采集、实时上传能力,实现试验检测报告数据可溯源、可核查,同时具备多层级预警、闭合功能和多维度的统计分析功能等,见图5.2-35、图5.2-36。

第 5 章 数智建设

图 5.2-35 试验检测管控智慧化示意图

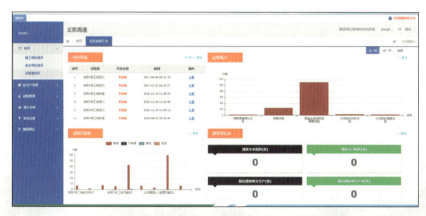

图 5.2-36 试验监测平台

压力试验机、万能试验机、水泥抗折抗压一体机、全自动回弹仪、桩基超声检测仪和沥青三大指标检测设备等数字化改造或质量数据的信息化采集见图 5.2-37～图 5.2-47。

图 5.2-37 压力试验机数据采集

图 5.2-38 万能试验机数据同步上传物联网

173

图 5.2-39　水泥抗折抗压一体机数据

图 5.2-40　全自动回弹仪

图 5.2-41　混凝土回弹检测数据

图 5.2-42　桩基超声检测仪　　　　图 5.2-43　桩基超声检测手机端

图 5.2-44　桩基超声检测数据

图 5.2-45　智能型低温沥青延伸度仪

图 5.2-46　智能型沥青针入度测定仪

图 5.2-47　多功能电脑全自动软化点仪

5.3　智慧安监

5.3.1　项目安全管理痛点

交通工程项目具有复杂、规模大等特点，建设安全风险评估难度较大。当前项目建设中存在的安全问题或管理痛点主要有：

①建设现场复杂，施工规模大，现场安全管理困难。"三违"（违章指挥，违规作业，违反劳动纪律）问题多，全员责任制落实难，隐患排查不全面。如何实现对施工现场的实时监控以及安全问题的快速处置，是交通工程建设面临的一大难题。

②安全教育和培训难度较大。工程建设中需要协调多个施工方，对工人进行安全教育和培训是必不可少的，但由于人员复杂、时间短等原因，进行有效的安全教育和培训较为困难。

随着数字时代的来临，物联网、大数据、云计算、人工智能等各种数字技术不断涌现,为整个社会经济发展带来新的活力,也给工程建设的安全生产带来了前所未有的机遇。数字技术的高效、智能等优势为工程安全管理中难题的解决提供了可能。

义东项目在全面推行智慧工地建设中,攻克重重技术瓶颈,将设备人员定位系统、设备管控系统、智能安全帽、智慧用电、电子围栏、智能隐患识别等智能应用与项目安全管理系统连通,实现数据实时传输,建立大数据库。通过系统数据整合应用,以安全码为基础载体,用风险指数实时反映安全管理状态,用项目积分压实全员安全责任,构建了以数字化为表现形式的全面安全生产管理体系,助力交通建设项目安全管理制度重塑、系统重构、流程再造。

5.3.2 设备人员定位系统

5.3.2.1 设备定位系统

"平安义东"系统对设备建立一机一档,实时更新验收、维保、使用登记台账,借助后台智能算法,未来还将打破地域和行业藩篱,实现特种设备"一项目检验全省通用"。

图 5.3-1 设备定位系统

对应急设备实行数字化管控,对设备安装定位芯片,并将设备定位数据实时显示在 GIS 地图,实现设备运行轨迹精准监管。结合应急设备定位,一旦运行超出规定范围,自动触发预警,见图 5.3-1。

5.3.2.2 智能安全帽

人员配备智能安全帽(图 5.3-2),计算机端实时显示现场画面,实现实时语音指导操作、发布指令、划定电子围栏区域等,实现看得到、听得到和指挥得到,见图 5.3-3 ~ 图 5.3-8。

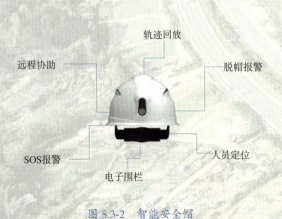

图 5.3-2 智能安全帽 图 5.3-3 人员定位

图 5.3-4　远程协助指挥

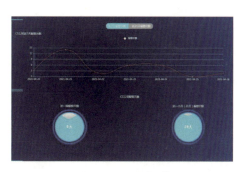
图 5.3-5　脱帽报警

图 5.3-6　远程协助指挥

图 5.3-7　脱帽报警

图 5.3-8　紧急报警

5.3.3　门式起重机、架桥机等特种设备管控系统

门式起重机驾驶室人脸识别功能与电源连锁，实现专人专用（图 5.3-9）。门式起重机内置限高、限位、限速、限重安全装置，通过物联网与门式起重机操作系统进行数据互通，自带诊断功能，发生超限及时预警和锁定，实现声光预警、闭合功能，见图 5.3-10。

图 5.3-9　特种设备操作员人脸识别系统

图 5.3-10　智能行程开关

门式起重机视野盲区安装监控探头,操作室内实时显示作业周围环境,扩大操作视野,实现起重物区域、大钩行走轨道、门式起重机行走轨道及周边操作环境的全角度可视化监控。对门式起重机行走轨道异物入侵进行智能事件检测预警(图 5.3-11、图 5.3-12),对门式起重机安全数据和预警数据进行统计,多维度分析误操作或违规操作的原因,实行针对性安全教育和交底。

图 5.3-11　门式起重机动态检测系统

图 5.3-12　门式起重机障碍物监测感应装置

5.3.4　智慧用电

施工现场配电箱安装超温超限传感器,实时监控线路电流数据,实现超限智能检测,并将检测结果与安全预警机制相结合,实现智慧用电超限预警功能,智能识别漏电、短路等现象及发生部位,自动报专业电工维修,消除隐患,实现闭合管理,如图 5.3-13~图 5.3-15 所示。

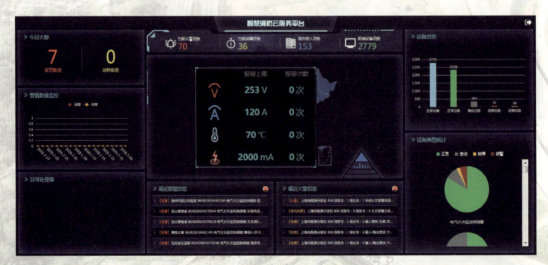

图 5.3-13　智慧用电系统

 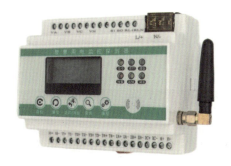

图 5.3-14　智慧用电监控探测器　　　　图 5.3-15　故障电弧探测器

5.3.5　电子围栏、智能隐患识别系统

在视频监控系统基础上，完成智能检测系统的升级改造，通过在监控探头上安装智能检测系统，在各场站加装语音提示设备，实现安全帽未戴、明火、烟雾、周界入侵等隐患的智能识别（图 5.3-16～图 5.3-19），并通过语音播报实时提醒和系统发送预警短信等功能来实现隐患闭合整改。

图 5.3-16　未戴安全帽　　　　图 5.3-17　未穿反光背心

图 5.3-18　电子围栏周界入侵　　　　图 5.3-19　明火检测

5.3.6　"平安义东"智慧化应用

指挥部始终坚持"把复杂交给系统，把简单留给一线"，确保系统真用、好用。结

合义东项目实际,搭建了具有义东特色的"平安义东"安全管理信息化平台(图5.3-20),该平台具备安全隐患多维度统计、大数据智能分析预警、扫人脸读信息以及智慧安监集成化显示等功能。

图 5.3-20　安全智控中心

首页看板包含四项数据中心(首页数据中心、人员数据中心、设备数据中心、检查数据中心)和四项场景应用(安全智控指数、积分制管理、智能隐患识别、智能安全帽)。

5.3.7　安全智控指数

对于一个项目的安全状态,通常用"良好、可控、差不多"这样的定性回答。借助数字化的无形巨手,在义东项目,这一切有了革命性改变,"安全智控指数"让原来含糊的定性变为精准的定量。

义东项目创新性提出安全智控指数,主要包括静态指数、动态指数、扣分项等量化指标,基于"平安义东"大数据智能分析,通过红、橙、黄、蓝四色曲线图,实现项目整体安全生产形势可视化,并通过量化数据进行体现,见图5.3-21、图5.3-22。

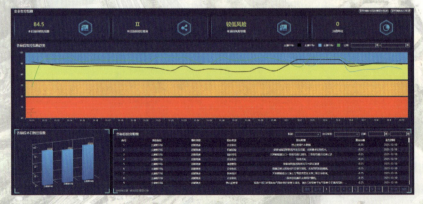

图 5.3-21　安全智控指数

第 5 章 数智建设

图 5.3-22 安全智控指数组成

通过安全智控指数的应用，各标段间开展现场安全状态的比拼，安全管理有了内在动力。可汇总查处的隐患问题并进行多维度分析，为安全管理精准施策提供帮助。

5.3.8 安全码应用

为解决工程安全管理中人机料法环等方面安全问题频发、安全状况难以量化、安全隐患排查整改不彻底、安全责任落实不到位等问题，作为"浙路品质"安全码场景试点项目，义东项目通过打造一套项目安全管理专用"四码"（人员码、设备码、工点码和防汛码），构建安全基础数据库，以基层安全管理工作中的痛难点为切口，以安全积分制为抓手，精准量化每位产业工人的安全行为和管理人员的质安履职情况，通过多维度分析为现场安全管理精准施策，明晰了全员安全管理的职责和内容，理清了现场安全管控的清单，提供了人员履职考核的依据，构建了安全生产全员履职的氛围，建立了标准化的安全管理流程，重新构建了项目安全管理新模式。

5.3.8.1 人员码

人员码记录项目参与人员的个人基本信息、班组信息、安全教育信息、奖惩积分信息、证件信息、工作履历等。义东项目建立了 6884 名产业工人的电子档案，采集身份信息，赋予基础积分，根据现场"三违"、安全隐患、学习、答题、隐患举报等情况，建立个人信用。对每位产业工人的安全行为开展留痕管理，并赋予绿码、黄码、红码，码的颜色反映人员安全生产工作状态，实现安全积分制，见图 5.3-23。

图 5.3-23 人员码

5.3.8.2 设备码

设备码相当于设备身份证。通过设备证件、外观、性能等核验后,系统自动汇总形成完整的设备信息档案,赋予专属设备码并绑定,见图 5.3-24。义东项目建立了 582 台机械设备的电子档案,对每台机械设备隐患管理留痕,并赋予绿码(正常无隐患)、黄码(有一个隐患或未按期维保)、红码(有两个及以上隐患或检验报告到期或有一个重大隐患)来标识设备的安全状况。当设备发生维保、检测超期或存在隐患等情况时,通过变码进行预警,同时通过短信等方式向设备管理人员下发预警信息,督促及时进行维保、检测或者隐患排除。

  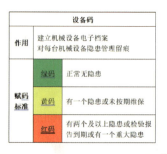

图 5.3-24　设备码

5.3.8.3 工点码

基于 WBS 结构划分将工程解构为基本的工程部位,即工点。工点与该工点班组长、安全员、技术员、监理员绑定,指定工点责任检查清单、指定检查内容和检查频率,据此构建工点码(图 5.3-25),每个工点、每道工序均能找到具体责任人。工点码以绿码、黄码、红码三种颜色标识工点的安全状况。义东项目建立了 48 个工点的风险管控措施清单,汇总每个工点隐患,履职管理留痕。

图 5.3-25　工点码

工点责任人员根据系统内置的责任检查清单、检查内容和检查频率进行安全检查。检查时可通过扫描人员码、设备码、工点码等方式上传工点内安全隐患信息,系统根据人员、设备及其他安全管理对象的工点归属，形成对应工点的隐患排查清单。检查完成后，按照职责划分，组织班组长、产业工人进行隐患整改，完成后在系统中闭环。

工程实施过程中，对项目中人员、设备、施工部位的安全管理信息进行记录并同步到系统的数据库中，实现人员、设备、工点信息的动态收集与查询。

数据中心实时收集来自安全码、移动设备、物联网设备等的安全数据，按照一定的标准对项目的安全状态进行打分，实现项目安全状态量化，按照既有的隐患信息对未来的隐患发生趋势做出预测。在收到各终端信息之后，数据中心还会按照标准，向安全管理平台和相关人员的移动终端发送各种级别的提示信息，使得项目安全隐患能得到全面迅速排查。

工点码结合"平安义东"完善的基础信息，通过"无感采集、自动识别、全员排查"等手段查找隐患，并以系统量化数值及"四色图"直观呈现，实现项目安全状态的精准掌握和全员知悉，最终通过"风险分布、隐患排查、网格检查"三张清单，达到智控安全，见图 5.3-26。

项目安全管理中，结合数智化技术，建立一套统一的安全管理、评价标准，同时在数据采集、传输、量化过程中形成统一的数字化标准。

建立安全管理数智化系统进行交通工程建设项目的安全管理，突破了以往的工程安全管理体系，解决传统安全管理中的诸多痛点、难点，让安全管理变得更加高效、智能、便捷、可控。

a) 隐患查处情况　　　　　　　b) 安全码应用数据中心

图 5.3-26　义东项目"三码"应用

5.3.8.4 防汛码

针对常规工程防汛防台工作中存在的人机底数不清晰（需要转移的人员、设备不清晰）、风险管控不精准（受影响需停工的工点不精准）、数据上报流程烦琐（24h值班、每2h上报数据）和应急处置效率低（根据不同响应采取的响应措施不明确）等问题，义东项目针对性地开发了防汛码，形成高效、协同的防汛防台应急工作流程，包括应急准备（前置）和应急响应两个阶段，其工作流程见图5.3-27、图5.3-28。

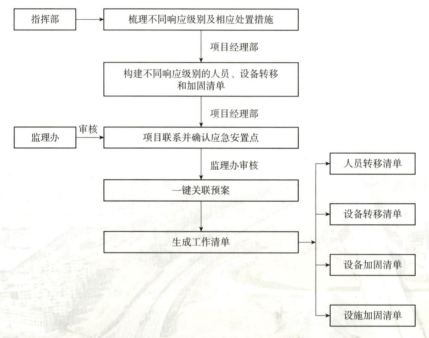

图 5.3-27 防汛码应急准备运行流程图

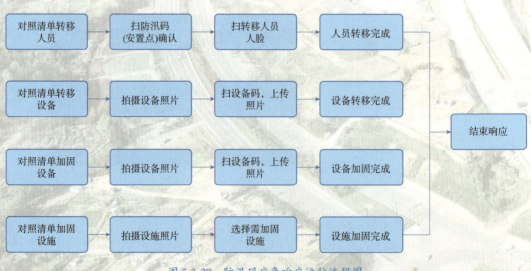

图 5.3-28 防汛码应急响应运行流程图

1）应急准备

应急准备工作主要有：

①指挥部梳理项目不同响应级别下的响应处置措施，见表5.3-1。

不同响应等级及处置措施　　　　　　　　　　　　　表5.3-1

响应等级	施工状态	人员转移	设备转移	设备加固	设施加固
四级响应	正常施工，做好停工准备	清点人员，做好人员转移准备	清点设备，做好设备转移准备	清点设备，做好设备加固准备	清点设施，做好设施加固准备
三级响应	停止临江临水、易淹易涝、深基坑、高边坡、水上作业点、隧道、上跨或邻近既有道路等危险区域作业	处于易受风暴、地质灾害侵袭区域的人员（三、四类）	转移临江临水、易淹易涝、深基坑、高边坡、水上等作业点设备	户外大型施工设备、起重设备、高空设备、拌和楼	临时工（雨）棚、临时驻地
二级响应	全部停工	处于易受风暴、地质灾害侵袭区域和居住在临时结构房内的人（二、三、四类）	转移临江临水、易淹易涝、深基坑、高边坡、水上等作业点设备	户外大型施工设备、起重设备、高空设备、拌和楼、临时工棚内的起重设备	临时工（雨）棚、临时驻地
一级响应	全部停工	处于易受风暴、地质灾害侵袭区域和居住在临时结构房内的人员（二、三、四类）	转移临江临水、易淹易涝、深基坑、高边坡、水上等作业点设备	户外大型施工设备、起重设备、高空设备、拌和楼、临时工棚内的起重设备	临时工（雨）棚、临时驻地

②项目经理部构建不同响应级别下人员、设备转移和加固清单，确定各个班组人员的居住地类别，见表5.3-2。

人员居住地类别　　　　　　　　　　　　　表5.3-2

类别	注释
一类居住点	砖瓦房、钢混结构房（含租用和自建）
二类居住点	除第三类之外的其他临时结构房
三类居住点	易受风暴、地质灾害侵袭区域的临时结构房
四类居住点	极易受台风、洪水、滑坡等恶劣天气或地质灾害影响的房屋

③项目经理部联系并确认应急响应时需要的应急安置点。根据系统内班组人员登记

情况，校核对应人员的居住地等级并设置对应安置点；同一个班组在不同地方居住的，按照居住地的人员情况进行划分并设置对应安置点；在同一居住地的不同班组，按照不同班组进行划分并设置对应安置点。项目经理部选定安置点位置后，在系统内进行登记，见表5.3-3。

安置点类型   表5.3-3

类别	注释
政府安置点	各级地方政府指定的应急安置场所
宾馆安置点	宾馆、酒店等场所
项目内安置点	项目自建或租赁的场所
其他安置点	除上述三类之外的安置场所

④根据行业应急物资清单标准，录入标段的应急物资清单和数量；根据应急设备类型和标段应急预案具体内容，录入标段应急设备清单和数量，见表5.3-4。

应急设备类型   表5.3-4

设备类型	注释
运输类设备	指挥车辆
挖掘装载类设备	挖掘设备、装载设备、起重设备等
照明类设备	照明灯具、警示灯具等
通信类设备	防爆通信装备、卫星通信装备、信息处理装备等
其他抢险机具	预警预测装备、金属探测设备等

⑤项目经理部和监理办填报相关应急物资及设备。

⑥监理办对施工单位填报的相关内容进行现场审查和审批。

启动应急响应后，安全码系统平台对照《防台响应应急处置措施》形成不同响应等级下的工作清单。

2）应急响应

（1）应急准备阶段

全面核查人员、安置点情况：对产业工人居住地人员情况进行核查，对临时人员（含临时进场人员等，见表5.3-5）进行统一梳理核对；对前置设置的安置点情况进行再次核查（施工单位自查、监理单位复核）；核查不同响应等级需停工工点、需转移加固设备设施等。

第5章 数智建设

表 5.3-5　临时人员登记要求

类别	登记要求
家属	操作人员：产业工人或网格员、班组管理人员
	录入信息：人数
临时人员（含新进场未教育）	操作人员：网格员、班组管理人员
	录入信息：人脸、姓名、电话、班组联系人

（2）人员转移操作

根据不同响应等级和核查的人员居住地类型，系统自动统计需要转移人员姓名、数量、对应安置点；项目经理部核查前置的人员、设备转移、加固清单。

对前置的转移和加固设施设备，根据不同响应级别的要求，自动形成对应清单，响应过程中只需根据清单进行实际操作即可。

（3）数据自动形成与自动填报

根据形成的人员应转移数量、已转移安置数量、设备设施应加固转移数量、已加固转移数量，系统自动形成数据报表，由项目部提交报表后自动推送到建设单位，自动汇总、推送至省级监管端。

5.3.9　积分制应用

"知止而后有定"。为进一步压实责任、提升素养、保持安全始终受控，义东项目结合集团公司积分制管理办法，聚焦解决产业工人"三违"频发现象，以安全积分制为抓手，精准量化每位产业工人的安全行为和管理人员的质安履职情况，实时留痕、闭环提升，积极构建安全生产全员履职的氛围和全员主动参与质安管理的新局面。

积分制与人员码关联，可精准量化每个人的安全行为。每个人、每个团队均有一定的基础积分，扣分规则内置于系统，通过名字输入、刷脸、扫码任一方式均可关联，见图 5.3-29。

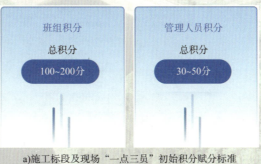

a) 施工标段及现场"一点三员"初始积分赋分标准

图　5.3-29

 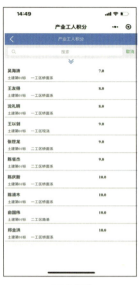 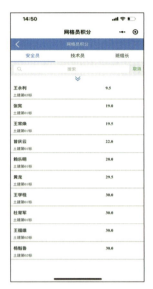

b)首页列表　　　　　　　c)工人积分　　　　　　　d)网格员积分

图 5.3-29　积分制管理

积分制让人人都是安全主体，安全履职成为绩效考核和立功竞赛的重要依据。积分低了会被处罚，超出则可进入积分超市兑换奖励。产业工人违规会被扣分，网格员未及时查处也将承担连带责任，每条违章都会以短信形式推送至当事人和上级主管。在一个考核周期内，个人积分低于基础积分的 50% 时会收到系统预警，全扣光将被罚黄牌，接受脱产学习，两次扣光则将列入红牌名单并被清退，见图 5.3-30。

序号	管理人员	发现隐患条数	前一月条数	后一月条数	变化情况
1	土建第01标陈怀臻	15	4	7	75.00 %
2	土建第01标张宪	12	7	1	-86.00 %
3	土建第01标施向阳	8	5	2	-60.00 %
4	土建第01标王常焕	6	3	0	-100.00 %
5	土建第01标曾庆云	6	2	0	-100.00 %
6	土建第01标夏国锋	5	0	3	300.00 %
7	土建第01标黄华龙	4	5	0	-100.00 %
8	土建第01标张建洪	3	3	1	-67.00 %
9	土建第01标王学桂	3	2	1	-50.00 %
10	土建第01标韩建华	3	3	0	-100.00 %
11	土建第01标邱占杨	3	0	0	
12	土建第01标谢嘉春	2	0	0	
13	土建第01标朱本怀	2	0	0	
14	土建第01标黄龙	2	0	0	
15	土建第01标楼昊浩	1	0	0	
16	土建第01标马志强	1	0	0	
17	土建第01标洪杭军	1	2	0	-100.00 %
18	土建第01标郭嘉瑞	1	0	0	
19	土建第01标赖乐明	1	7	3	-57.00 %

图 5.3-30　项目安全积分制管理成效

产业工人也可通过隐患举报、培训学习等加分。如遇不合理扣分可向上申诉，但所有记录将永久保存。

按照计分管理模式，对发生"三违行为"和产生安全隐患的责任人进行积分扣除；对主动学习、主动查处隐患、提出微改创新等举措的予以积分奖励，有效打破"信息孤岛"，实现数据互联互通，形成可复用的数据标准。

积分在义东项目是成绩单也是荣辱榜。它借鉴驾驶证模式，旨在规范工人行为，覆盖义东项目3个标段、56个班组及所有网格员、产业工人，促进了项目的全员履职，"三违"现象明显减少，安全管理参与度大幅提升，隐患动态清零和全员安全管理逐步成为现实。

积分制又与人员码和强大的系统关联，把每个人的安全行为数据化、可视化、留痕化，成为匠人们像名誉一样珍视的"电子名片"，最终成为全省共享的产业工人信用参考。系统重构、制度重塑、流程再造，数字时代的光芒在一个小小切口里熠熠生辉。

第 6 章　党建引领

基层党组织是党组织机构的末梢，其重要性不言而喻。新时代对党建工作提出了新要求，国有企业基层党建工作既面临着挑战，也充满着机遇。如何通过理念创新、载体创新、服务创新、管理创新发挥党建引领作用，推动义东高速公路样板示范工程创建，把项目党建作为国有企业追求卓越的一个品牌战略，成为了义东项目基层党组织的又一新探索。

6.1 聚合力跑出征迁"加速度"

征迁历来是项目建设的"拦路石"，特别是市域环境高速公路，建设项目用地面积大、土地报批工作政策性强、周期长。义东指挥部紧盯项目土地报批关键节点目标，充分发挥党建联合体作用，强化政企联动，发挥各方优势，确保信息通畅、对接充分，合力加快推进用地报批工作进度。同时，依托党建联合体平台，强化土地、征迁等要素保障，通过"丈量加速""签约加速""调解加速"三加速，实现"党建引领＋征地拆迁"融合发展新模式，跑出征地拆迁"加速度"。

一是丈量加速。依托义东项目党建联合体，实施"要素保障党支部＋指挥部"的一线党建工作法，抽调东阳市、镇、街20余名党员干部进驻征迁一线，组建3支征迁丈量队，抢时间、抓进度，凝聚项目征迁合力。在沧江村，党员干部们每天早早就赶到村里忙着入户，与村民面对面复核房屋、丈量面积。有的村民白天要去上班，丈量队成员则早早起床或放弃晚上休息时间，进村入户，赶在村民上班前或下班后完成房屋丈量任务。大家顾不上休息，奔走在村里，短短半个月便完成沧江、东湖、花园等9个行政村的丈量工作，涉及户数46户，总建筑面积达4万多 m^2，见图6.1-1。

二是签约加速。征迁，既要快丈量，也要快签约。指挥部成立5个党小组，各镇街征迁工作负责人为党小组组长，实施挂图作战及进度"一日一汇报"。在签约过程中，各党小组成员每天来得早、走得晚，奋战在一线，每天工作时间都在10h以上（图6.1-2）。特别是受疫情影响，针对当事人未能及时返乡签约情形，镇、街、村三方简化程序，利用微信平台提供身份认证、签

图6.1-1　土地丈量图纸分析

约委托，为当事人提供便利、高效、灵活的服务。通过互联网，为在黑龙江、北京、河南、广东等地的村民进行了身份核实。自项目签约开始后，短短20天，签约率就达到了99%。

三是调解加速。义东项目党建联合体建立了法律服务党小组，3名法律顾问和2名调解员下沉到项目一线，提供全方位咨询服务，调解纠纷，有力助推了征迁工作的稳妥

图 6.1-2　农户签约

高效进行。法律服务党小组坚持公平公正的原则，在化解矛盾纠纷、弥合亲情与邻里情等方面发挥了重要作用。通过一线服务，让村民权益得到了维护，也维护了社会和谐稳定，保障了项目签约顺利推进。

义东项目党建联合体通过"一路三方四共四联"工作机制，抽调精干力量，成立要素保障党支部，紧扣时间节点，深入项目一线，走现场，访农户，解难题，顺利实现项目建设用地批复，全线掀起了施工高潮，创造了"义东速度"，凸显了党建引领征地拆迁的强劲动能。

6.2　"莲心镌行"党建品牌创建

6.2.1　"莲心镌行"内涵

面对城区高速公路项目建设工程管理复杂、经手资金量大、行业潜规则多等特性，项目基层党组织聚焦廉洁风险管控，以"不敢腐、不能腐、不想腐""三不一体"的总体要求，结合项目实际和地域文化，融合莲花之高洁、交通之初心、东阳之木雕和高速之属性，以党建为引领，在各参建单位范围内全面开展"莲心镌行"品牌创建活动，以制度、氛围、机制三大优势构建阵地、源头、思想三大防线，筑牢"清廉党建"，实现"工程优质、资金安全、干部廉洁"的工程建设目标。

"莲心镌行"即莲心绽放，寸寸节节净无染；镌行律己，端端正正远逸清。品牌以"一路清风　廉洁义东"为创建口号，通过廉洁文化展示区、蕴莲廊、栖莲苑、镌莲路等特色廉洁文化展示，全面掀起"廉勇劲风、廉韵仁风、廉律严风、廉义正风、廉俭逸

风"的"五廉五风"创建氛围。通过品牌文化塑造，坚持"严责任、严管理、严监督、严执纪、严问责"的"五严"要求，进一步健全不敢腐、不能腐、不想腐的体制机制，促进"清廉思想、清廉制度、清廉规则、清廉纪律、清廉文化"融入项目建设的各层次和全过程，营造向上向善、风清气正的高速公路在建项目文化氛围。

6.2.2 创建思路和工作举措

一是打造"景观节点"。义东项目充分融合项目建设特点，利用标段项目部大厅和庭院打造"清廉指挥部"廉洁文化展示基地，设计"莲心镌行"品牌的视觉系统，包括品牌标志、文化内涵、品牌架构等，因地制宜塑"廉阵地"。通过廉洁文化展示区、蕴莲廊、栖莲苑、镌莲路等特色廉洁文化的打造，给项目建设全体员工一个可欣赏、可感受、可参与、可互动、可共鸣的多层次、立体化的廉洁教育基地（图6.2-1、图6.2-2），并从"同心、同责、同创"三同文化理念出发，展现三同文化与廉洁文化的衔接，凸显三同文化对廉洁文化的融合。通过品牌打造展示点，形成相对集中完整的品牌文化体系，全景式展现品牌文化。品牌建设中强调内涵挖掘和外延拓展，通过互动学习、场景体验以及交流座谈，营造廉洁氛围，强化廉洁意识。在展示现场，通过展厅、景观节点、廉洁书屋、廉洁体验点等的打造，展现廉洁文化在项目建设中从脉络形成、孕育发芽、打磨完善到最终定型的全过程，并通过"五廉五风"的阐述与塑造，形成与品质工程相匹配的一流廉洁文化品牌。

图6.2-1 "莲习镌行"阵地

图6.2-2 "莲习镌行"阵地

二是创建"监企共建"。义东项目主动对接东阳市纪委监委，共同推进"清廉工程""监企"共建机制创建：深化教育，筑牢拒腐防变的思想道德防线；完善制度，夯实源头治腐的制度基础；加强监督，降低产生腐败的概率和风险。着力培养项目建设的责任意识、法制意识、自律意识，着力打造精干高效、廉洁勤勉的建设管理团队，内外监管，筑起廉洁"防护墙"，见图6.2-3。

第6章 党建引领

图 6.2-3 监企共建交流

三是建立"二员机制"。义东项目建立"民工监督员"和"民工帮扶员"的"二员机制",让农民工成为项目建设的"参事议事员",上下互动守牢"廉初心",实现建设项目廉洁动态管理。其中,"民工监督员"作为工程施工关键部位、安全生产和廉政监督的第三方,充分发挥监督员"啄木鸟"作用,实现对项目部施工全过程的直面监督;"民工帮扶员"则是为了听取农民工建议,切实解决农民工权益问题,如农民工工资发放、工地生活水平改善等实际困难和问题,并通过放置侵权行为监督举报箱、公布举报电话等,畅通农民工维权渠道,确保全链条廉洁,见图 6.2-4、图 6.2-5。

图 6.2-4 工人监督员　　　　　　　　　　图 6.2-5 党员在现场

四是构建"联盟共创"。义东项目紧紧围绕"百年品质工程"的建设目标,以构建"队伍联抓、品牌联创、困难联克、廉洁联管、活动联办、资信联享"的"六联"机制为目标,以要素保障、品质工程建设为导向,联合东阳市委、市政府、相关部门、建设方、参建方等 20 余家单位,充分发挥党建联合体合力,形成"上下一条心、拧成一股绳、工作一盘棋"的工作格局,实现廉洁从业与项目建设的深度融合,有效发挥党支部的战斗堡垒作用、纪检监察的护航作用和党员的先锋模范作用,着力解决了土地征迁、管线迁改、交通组织等方面的难题,为高质量高效率推进项目建设提供有力保障。

五是创立"纪检专栏"。义东项目充分利用信息化平台积极构建党建文化，在阳光工程平台上增设"党建App"专栏，设置"纪检监察"交流互动平台，通过"党建红"云宣传"廉文化"。一方面为"民工监督员"和"民工帮扶员"架起即时沟通的桥梁，通过视频、信息在任意时间进行多点连通的音视频互动沟通及和信息交流，实现线上对接、线下落实。另一方面设置"反腐案例""红色影视""先锋故事"等在线教育专栏，与"清廉指挥部"建设相结合，通过正、反案例进行警示教育，全力加强政治思想教育，加强和改进德育工作，深刻吸取经验教训，在点滴中严格要求自己，绷紧政治纪律之弦，筑牢思想防线，为"党建红"增添更绚丽的色彩，形成有义东特色的党建文化。

6.2.3 特色亮点

一是全景式展现品牌文化。通过品牌打造展示点，形成相对集中完整的品牌文化体系。在品牌建设中强调内涵挖掘和外延拓展，通过互动学习、场景体验以及交流座谈，营造廉洁氛围，强化廉洁意识。在展示现场，通过展厅、景观节点、廉洁书屋、廉洁体验点等的打造，展现廉洁文化在项目建设中从脉络形成、孕育发芽、打磨完善到最终定型的全过程，并通过"五廉五风"的阐述与塑造，形成与品质工程相匹配的一流廉洁文化品牌（图6.2-6、图6.2-7）。

图6.2-6　栖莲苑　　　　　　　　　　　图6.2-7　廉韵书架

二是互动式打造廉洁空间。以员工为根本，遵循建设目标，强调文化品牌塑造的互动性与实用性。一方面为项目参建全体员工构建舒适的廉洁文化学习空间，营造廉洁学习氛围；另一方面集数家之长，遍寻东阳地方廉洁文化基因，对标从中央到地方各级对党建文化、廉洁文化的要求，积极树好廉洁典型，构建品牌张力，让廉蕴之风贯穿整个项目建设，让廉洁气韵以轻松、正向的形式传播，不断增强品牌的凝聚力、向心力和亲和力。

三是沉浸式实现廉洁体验。以廉洁警示体验为保障。在展厅设立虚拟现实（VR）场景体验，以沉浸式的方式，通过互动区域和情景再现，让学习者身临其境，触动神经，触及灵魂，让廉洁文化更为生动、有趣，更加深入人心。同时，以多种形式拍摄品牌宣传视频，通过多媒体、多渠道、全方位、立体式传播，表达实现工程优质、品牌优良、员工优秀的愿景，展示打造一流品牌的决心和行动。

6.2.4 实施成效

通过"莲心镌行"品牌打造，进一步强调了廉洁文化在党建和党风廉政建设中的重要作用，进一步彰显党建文化品牌的强大生命力，进一步实现项目建设和品牌打造的"双赢"局面。

一是廉洁文化达到新高度。通过"党建联合体""监企共建""五廉五风"的孕育，切实构建让权力充分在阳光下运行的环境，强调"廉蕴"与"正风"的影响作用和浸润，让员工在闲暇之余能够学好廉洁政策、知晓保廉措施、明晰"翻车"后果。经过一段时间的打造和建设，廉洁文化在义东项目"开花结果"、深入人心，不仅成为员工日常工作与学习的一部分，而且渗透到员工家庭中，促进员工家庭知廉敬廉、和谐稳定，成为员工生活中不可或缺的一部分。

二是廉洁机制实现新成效。"二员机制""联盟共创""阳光工程"等保廉机制和举措的实施，让各关键环节都运行在监督之下，"染污"无所遁形。通过廉洁文化的深入宣教与浸染，让员工逐渐形成权力约束理念与机制持续优化理念，有效建立廉洁文化常态化机制。通过廉洁机制的不断完善，有效减少廉洁风险点，实现工程建设所有关键环节在阳光下运行。

三是正向引领步入新境界。义东项目努力践行"清廉项目"建设要求，不仅积极实现廉洁文化落地，真正让廉洁文化"活起来""用起来""学起来"，而且秉持"寓教于景、润物无声"的理念，固化员工的学习成果，提升员工的思想层次，让廉洁文化真正注入员工心中，也让"二员机制""监企共建"机制等真正为员工所接受，形成固定成熟的文化，并引领和教育全体参建员工在不断传承之下筑牢拒腐防变的思想道德防线，夯实源头治腐预防，让品牌文化在发展中不断传承并持续创新。

品牌的打造进一步促进了"清廉思想、清廉制度、清廉规则、清廉纪律、清廉文化"融入项目建设的各层次和全过程，实现"队伍廉、项目优、行风正、监管严"的创建目标，并获评集团公司第二批廉洁示范、第三届"基层清廉建设（浙江）十大创新经验"创新提名奖，并被浙江省委表彰为全省清廉建设成绩突出单位，有力保障了项目无违纪违法事件的发生。

6.3 "四红一区二员"赋能立功竞赛

义东项目坚持红色引领,把"支部建在项目上,党旗飘在工地上"作为项目建设"红色工地"的"硬核"举措。通过深入开展"四红一区二员"创建活动,让红色元素与立功竞赛形成同频共振,不断推动义东项目立功竞赛走深走实、见行见效。

一是工地突出"四红元素"。听红歌:以"听红歌 思党恩 践党行"为主题渲染红色氛围,充分发挥文化艺术凝心聚力、激励引导的作用。飘红旗:红旗迎风飘扬,激励参建人员"爱国更要为国""只争朝夕""时不我待"的奉献精神,进一步凸显使命意识、匠心意识,牢记责任担当。着红衫:党员统一穿着"红马甲"亮身份,随时接受群众监督,做群众学习的楷模。设红岗:党员做到"五带头",接受党员和群众监督。做到关键岗位有党员领着、关键工序有党员盯着、关键环节有党员把着、关键时刻有党员扛着。

二是开辟"红旗责任区"。根据党员和项目工区分布情况,科学合理划分"红旗责任区",并结合"八比八赛"立功竞赛,每季度由所在党支部考核一次,把考核结果公布在党支部展板上,督促各责任区积极开展工作。其中,得分在95分以上的为优秀红旗责任区,80~95分(不含)的为合格责任区,80分以下的为不合格责任区。对95分以上的责任区颁发"流动红旗"。

三是建立"二员机制"。一线工人是项目建设的主要力量,充分结合一线员工智慧,建立起"二员机制"。"工人监督员"和"工人帮扶员"让工人成为项目建设的"参事议事员"。"工人监督员"作为工程施工关键部位、安全生产和廉政监督的第三方,充分发挥监督员的"啄木鸟"作用,实现对项目施工全过程的直面监督。"工人帮扶员"切实解决工人权益问题,通过放置侵权行为监督举报箱、公布举报电话等,畅通工人维权渠道。

义东项目以党建带群建,将立功竞赛深度融入施工全过程,引领项目高质量建设。自开工以来,项目要素保障、品质工程创建等一个个关键节点实现突破,控制性工程西甄山隧道更是提前一个半月实现双洞贯通,实现了进度与品质的双赢;产业工人幸福感、获得感持续提升,工会"娘家人"作用不断显现;廉政"触角"深入基层一线,营造了风清气正的工作环境,确保了项目无违纪违法事件发生,凸显了立功竞赛的强劲动能。

附录 技术创新成果

申报专利或软件著作权登记汇总表

附表1

序号	名称	类型	编号或获得日期
1	一种桩柱钢筋笼滚焊机主筋定位装置	实用新型	202122932356.7
2	全回转钻机工作站	实用新型	201821119707.4
3	锚栓装配式柱板型可绿化挡墙顶与预制墙式护栏连接结构	实用新型	202021438104.8
4	一种3D扫描控制隧道开挖和支护轮廓线的装置及方法	发明（受理中）	202110517046.0
5	高讯拌合站生产物联网监控系统应用软件	软件登记	2018SR1009178
6	一种方柱钢筋笼定位架	实用新型	202122930168.0
7	一种桥梁临边防护固定脚架	实用新型	202122969808.9
8	一种大直径钢筋加强圈加工设备	实用新型	202122932360.3
9	一种梁体封头板预制台车	实用新型	202122974832.1
10	一种钢箱梁悬臂混凝土浇筑托架	发明（受理中）	202210043334.1
11	一种电驱动护栏模板安装台车	实用新型	202222245860.4
12	一种城市道路施工铁马装配式围挡	实用新型	202222259076.9
13	高速公路建设安全智控管理系统V1.0	软件著作权登记	2022年4月18日
14	一种用于水稳模板的固定装置	实用新型	202320843461X
15	一种水泥混凝土桥面铣刨装置	实用新型	2023209423877
16	一种沥青路面摊铺施工调节压平装置	实用新型	202320883354X
17	一种基于道路施工的水稳基层施工摊铺设备	实用新型	2023207410798
18	一种钢筋间距智能检测机器人	发明（受理中）	2023107444290
19	一种预制梁板智能养护装置	发明（受理中）	2023107628275

申报工法汇总表

附表2

序号	工法名称	工法种类	年份
1	城区道路下深厚宕渣层大直径嵌岩桩全套管全回转钻机成孔施工工法	部级工法	2021年
2	城区段深厚泥砂层大直径嵌岩桩旋挖钻无泥浆护壁施工工法	省级工法	2021年
3	钢筋笼滚焊机多直径打孔定位盘自动加工施工工法	部级工法	2022年
4	锚栓装配式柱板型可绿化挡墙施工工法	部级工法	2022年
5	应用数字化3D扫描技术控制隧道开挖和支护轮廓线的施工工法	部级工法	2022年
6	应用无感采集与全程可溯源质保资料数字化系统管控工程质量的施工工法	部级工法	2022年
7	智慧拌合数字化系统精准管理混凝土拌和施工工法	部级工法	2022年
8	基于装配式托架浇筑钢混组合梁悬臂混凝土的施工工法	省级工法	2023年
9	城区高架桥加强型减振降噪伸缩装置施工工法	部级工法	2023年
10	大断面城区高架桥沥青路面整体式摊铺施工工法	部级工法	2023年
11	城区高速桥面铺装高韧性水泥基复合材料施工工法	部级工法	2023年

质量管理（QC）活动成果汇总表　　　　　　　　　　　　　　　附表3

序号	名称	获奖情况	年份
1	提高隧道钢拱架一次安装合格率	QC成果大赛Ⅱ类成果	2022年
2	提高大直径桩基钢筋笼加强圈加工合格率	QC成果大赛Ⅲ类成果	2022年
3	提高钢筋笼主筋间距合格率	QC成果大赛Ⅱ类成果	2022年
4	研发拌合站精计量控制系统新技术	QC成果大赛Ⅰ类成果	2022年
5	采用装配式托架提高钢箱梁翼缘板混凝土施工的质量	浙江省工程建设优秀质量管理小组	2022年
6	提高桥梁混凝土护栏钢筋保护层合格率	QC成果大赛Ⅱ类成果	2022年

申报课题汇总表　　　　　　　　　　　　　　　　　　　　　　附表4

序号	课题名称	参与单位	课题种类	备注
1	公路中箱梁（25~35m）及圆桩方柱设计与建造技术的研究	浙江义东高速公路有限公司、浙江交投高速公路建设管理有限公司、同济大学、浙江数智交院科技股份有限公司、浙江交工集团股份有限公司	浙江省交通运输厅科研项目	结题
2	公路装配式可绿化挡墙工业化技术研发与应用	浙江交工集团股份有限公司、浙江大学城市学院、浙江交工宏途交通建设有限公司	浙江省交通运输厅科研项目	结题
3	交通建设工程施工合同履约风险要素分析及防控对策研究	浙江省交通工程管理中心、浙江交工集团股份有限公司、浙江义东高速公路工程建设指挥部、浙江远大工程咨询有限公司	浙江省交通运输厅科研项目	结题
4	公路工程施工质量保证资料管理无感采集与全程可溯源研究	浙江省交通工程管理中心、浙江义东高速公路工程建设指挥部、浙江交工集团股份有限公司、杭州临建高速公路工程建设指挥部	浙江省交通运输厅科研项目	结题

发表论文汇总表　　　　　　　　　　　　　　　　　　　　　　附表5

序号	论文题目	发表期刊	备注
1	杭温高铁梧坞超大断面隧道上穿高速公路隧道爆破施工影响分区	《铁道建筑》	2023年10月，网络首发
2	并行近接隧道中减振孔的爆破振动控制效益研究	《地下空间与工程学报》	2023年第5期
3	新建隧道爆破施工对既有隧道交叉段影响分析	《四川建筑》	2022年第3期
4	大断面小净距隧道爆破施工合理间距及减振措施研究	《公路交通科技》	录用，北大核心
5	机动车辆荷载对空间交叉隧道结构动力影响研究	《科学技术与工程》	2023年第10期
6	高速列车荷载对下穿双洞大断面高速公路隧道动力影响研究	《交通世界》	2023年第23期
7	一路五方　质量智评	《科学与财富》	2022年第4期
8	论预制梁板数字化质保资料应用研究	《科学与财富》	2022年第4期
9	论数字化质保资料在工程中的应用研究	《科学与财富》	2022年第4期

续上表

序号	论文题目	发表期刊	备注
10	基于ANSYS的小箱梁腹板局部受力分析及结构优化	《公路》	2023年第6期，北大核心
11	钢筋锚固参数对无承台式圆桩方柱抗震性能的影响研究	《公路》	2023年第3期，北大核心
12	混凝土工字梁缩尺模型抗剪试验研究	《公路》	2023年第8期，北大核心
13	考虑沥青铺装层影响的混凝土箱梁桥温度效应研究	《运输经理世界》	2022年第5期，普通期刊

获奖或荣誉汇总表　　　　　　附表6

序号	名称	颁发或主办单位	备注
1	全省清廉建设成绩突出单位	中共浙江省委办公厅	2022年8月
2	"浙江省五一劳动奖状"	浙江省总工会	2023年3月31日
3	"忠实践行'八八战略'、奋力打造'重要窗口'"重点建设省级示范培育项目	浙江省总工会、浙江省发展改革委	2022年8月
4	2022年交通数字化改革基层和社会"最佳实践"	浙江省交通运输厅	2022年12月
5	2022年度"忠实践行'八八战略'、奋力打造'重要窗口'"交通重点工程立功竞赛优秀项目	浙江省交通运输工会	2023年7月
6	2020—2021年"两美"交通重点工程立功竞赛优秀项目	浙江省交通运输工会	2022年8月
7	2021年度中国公路学会"交通BIM工程创新奖二等奖"	中国公路学会	2021年10月18日
8	"清廉单元建设（浙江）十大创新经验"创新提名奖	基层清廉建设（浙江）十大创新经验发布活动委员会	2022年8月
9	2022年度浙江省智慧工地示范项目	浙江省建筑业行业协会	2022年11月
10	2021年浙江省数字建造创新应用大赛基建综合组一等奖	浙江省建筑业行业协会	2021年11月
11	2021年上半年度综合检查项目排名第三	浙江省交通工程管理中心	2021年10月
12	2022年公路工程综合检查项目排名第一	浙江省交通工程管理中心	2023年1月
13	2022年下半年综合检查排名第一	金华市交通运输局	2023年1月
14	2022年上半年综合检查项目排名第一	金华市交通运输局	2022年7月
15	2021年下半年综合大检查项目排名第一	金华市交通运输局	2022年1月
16	2021年上半年度综合大检查项目排名第一	金华市交通运输局	2021年8月

续上表

序号	名称	颁发或主办单位	备注
17	2020年下半年度执法大检查建设项目排名第一	金华市交通运输局	2020年12月
18	重大公路工程建设先进集体和先进个人（3个集体荣获"攻坚先进集体"称号、6名个人荣获"攻坚标兵"称号）	东阳市交通局	2022年5月
19	集团公司先进基层党组织	中共浙江省交通投资集团有限公司委员会	2023年7月
20	集团2022年度示范党支部	中共浙江省交通投资集团有限公司委员会	2023年4月
21	"安全智控系统"被评为集团公司2022年度数字化改革示范样板工程	浙江省交通投资集团有限公司	2022年12月
22	集团公司第三届"五小"创新竞赛鼓励奖	浙江省交通投资集团有限公司工会委员会	2023年1月
23	清廉交投建设成绩突出单位	中共浙江省交通投资集团有限公司委员会	2022年10月
24	"守好红色根脉·班前十分钟活动"十大优秀案例	浙江省交通投资集团有限公司工会委员会	2022年9月
25	2022年职工安全隐患随手拍合理化建议活动二等奖	浙江交投高速公路建设管理有限公司	2022年9月
26	2021年重点工程立功竞赛先进集体	浙江交投高速公路建设管理有限公司	2022年2月
27	"我心向党百年·砥砺奋进新征程"大型主题书画摄影展一等奖	浙江省交通投资集团有限公司工会委员会	2021年11月
28	2021年安全生产知识竞赛一等奖	浙江交投高速公路建设管理有限公司安全生产委员会	2021年6月
29	集团第二批廉洁文化示范点	中共浙江省交通投资集团有限公司纪律检查委员会	2020年12月

承办交流会等相关活动汇总表　　　　　　　　　　　附表7

序号	名称	颁发或主办单位	时间
1	金华市公路水运工程施工工点安全标准化暨安全生产形势分析会	金华市交通运输局	2021年6月7日
2	首届基层党建品牌交流展示观摩会	浙江交投高速公路建设管理有限公司	2021年8月19日
3	建设项目安全管理暨积分制推广应用云现场会	浙江省交通投资集团有限公司	2022年7月20日

续上表

序号	名称	颁发或主办单位	时间
4	金华市公路水运数智建设暨平安百年品质工程现场观摩活动	金华市	2022年7月29日
5	"浙路品质"重大应用现场推进会	浙江省交通运输厅	2022年11月1日
6	浙江省交通工程安全生产管理工作暨防汛码应用推进会	浙江省交通工程管理中心	2022年3月6日
7	金华市试验检测技能比武活动	金华市交通运输局	2023年6月
8	浙江省交通投资集团有限公司沥青路面材料技术研讨会	浙江省交通投资集团有限公司	2023年9月